DIMENSIONI
DELLO SPIRITO

Enzo Bianchi

# DOVE VA LA CHIESA?

SAN PAOLO

© EDIZIONI SAN PAOLO s.r.l., 2023
Piazza Soncino, 5 - 20092 Cinisello Balsamo (Milano)
www.edizionisanpaolo.it
*Distribuzione*: Diffusione San Paolo s.r.l.
Piazza Soncino, 5 - 20092 Cinisello Balsamo (Milano)

Progetto grafico: Ink Graphics Communication, Milano



ISBN 978-88-922-4284-5

# INTRODUZIONE

La domanda «Dove va la Chiesa?» dovrebbe ricevere una risposta univoca: la Chiesa percorre un cammino, una via che è Gesù Cristo! È il Signore Gesù stesso che ai suoi discepoli ha dichiarato con assoluta chiarezza: «Io sono la via» (Gv 14,6). Questa verità rischia di sfuggire alla comprensione degli stessi cristiani, di quelli che continuano a pensare alla sequela di Gesù come a un'etica, una dottrina, una spiritualità. No, per il cristiano la sequela consiste nel percorrere quella "via" che è Gesù Cristo, una via lungo la quale cercare e trovare la vita, una via per andare a Dio.

Se Gesù non fosse la via, la Chiesa in realtà sarebbe una non-Chiesa, non sarebbe l'assemblea, il corpo, la sposa del Signore. L'apostolo Paolo più volte ha messo in guardia i cristiani dalla tentazione di regredire, finendo per diventare una non-Chiesa, pericolo sempre in agguato. Perché la Chiesa non è una realtà acquisita una volta per tutte e, come il candelabro che la rappresenta nell'Apocalisse, può essere rimossa se non riconosce «da dove è caduta e come compiere l'opera della conversione» (cf. Ap 2,5). È sempre possibile, infatti, che la fede si indebolisca al punto da scomparire, che l'amore si raffreddi e sia abbandonato, che la speranza della venuta del Signore venga meno: possiamo essere certi che l'istituzione religiosa resterebbe in piedi, così come la scena religiosa, ma non ci sarebbe più la Chiesa di Cristo.

Fare questo discorso radicale non significa sognare e desiderare una Chiesa come la vedevano e la volevano i catari: tutta pura, gloriosa, senza peccati e senza rughe. Certo, il cristiano sa bene che questa Chiesa scenderà dal cielo sulla terra, ma sarà la Gerusalemme celeste e non può essere la Chiesa di cui oggi facciamo parte.

Tanto meno possiamo pretendere che la Chiesa sia vincente, che abbia successo e sia riconosciuta dal mondo, applaudita per il suo contributo nel campo della carità, della cultura, perché una Chiesa del genere sarebbe certamente più mondana.

Noi che siamo peccatori e non siamo i giusti apparteniamo a una Chiesa che è una carovana in cammino e che il Signore fa santa ogni giorno con il sangue della croce, una povera realtà, sporca e malata, che il Signore deve purificare ogni giorno con il dono della remissione dei peccati. Che nella Chiesa pastori e fedeli siano peccatori non mi spaventa, non mi turba, né scuote la mia fede: anzi, la penso come una pellegrina, una viandante che porta sulle vesti la polvere delle terre aride che attraversa e anche la sporcizia tipica dei mendicanti e dei poveri degradati. Questa visione della Chiesa anziché deprimermi mi esalta nell'attesa della Beata Venuta, quando il Signore trasfigurerà anche il corpo della Chiesa in un corpo di gloria, il suo corpo vivente per sempre.

E allora che cosa chiedere ai cristiani affinché, corresponsabili e adulti nella fede, siano pietre viventi nella costruzione della comunità ecclesiale? Cosa chiedere con forza e determinazione alla Chiesa senza assumere posizioni orgogliose?

Io resto convinto che ciò che è essenziale e doveroso riguarda la custodia del Vangelo che la Chiesa non deve distorcere per fini alieni. Perché la grande tentazione sempre presente è quella di mettere la Chiesa al posto del regno di Dio, che è sempre veniente. Nel corso dei secoli si è verificata una perversione del cristianesimo ad opera delle Chiese: si sono tentate riforme che hanno dato origine a primavere bruscamente interrotte da gelate repentine, e nonostante questo, come fuoco che divampa da braci seppellite nella cenere, la fede cristiana, il Vangelo, ha continuato a rinascere. Lo dobbiamo riconoscere: quando per grazia del Signore qualcuno tenta una riforma della Chiesa per riportarla sulla via del Vangelo, inizialmente si verifica una situazione nella quale il primo amore trionfa, e dunque Gesù Cristo è veramente il solo Signore. Ma subito dopo, trascorso poco tempo, i riformatori cessano di essere profetici, le sentinelle si addormentano e addirittura le realtà riformate diventano persecutrici di ciò che appare con i caratteri della novità. Non si dimentichi che Francesco d'Assisi fu emarginato dai suoi quando costoro, da lui voluti come riformatori della Chiesa, si misero a perseguitare anche i loro fratelli francescani ritenendoli eretici.

È dunque compito di tutti i cristiani opporre una santa resistenza affinché la Chiesa non diventi «Chiesa *domina*», affinché il Vangelo, la «Buona notizia», che è Gesù Cristo e Gesù Cristo che è il Vangelo sia predicato, affinché pur peccatrice ma umile e povera la Chiesa porti avanti la sua missione sulle tracce di Cristo.

Per la mia generazione restano fondamentali le parole del concilio Vaticano II nella *Lumen gentium*:

> Come Cristo ha compiuto la redenzione attraverso la povertà e le persecuzioni, così pure la Chiesa è chiamata a prendere la stessa via per comunicare agli uomini i frutti della salvezza[1].

Ma attenzione: quando si parla di Chiesa povera non si vuole soltanto indicare una Chiesa che non dispone di ricchezze ed è dalla parte dei poveri, ma si deve pensare a una Chiesa povera di potere mondano, al popolo di Dio costituito da un "piccolo resto" di credenti, da uomini e donne che nella compagnia dell'umanità vivono credendo che l'amore è più forte della morte.

Oggi si continua a ripetere che siamo nella Chiesa di papa Francesco... Affermazione insopportabile perché la Chiesa è solo di Gesù Cristo e di nessun altro, neanche del Papa! Dovremmo piuttosto dire che siamo in una Chiesa che continua il suo pellegrinaggio avendo come vescovo di Roma e successore di Pietro papa Francesco. Certamente tutti dobbiamo riconoscere che in un decennio molte cose sono cambiate nella vita ecclesiale e soprattutto ci accorgiamo che sono iniziati dei processi di riforma evangelica della Chiesa

[1] Concilio Vaticano II, Costituzione dogmatica *Lumen gentium* (21 novembre 1964) 8.

cattolica. Viviamo dunque un'ora di grazia, ma proprio per questo si fanno urgenti soprattutto due istanze: la riconferma della comunione ecclesiale contro ogni spirito e ogni tentativo di divisione, di contrapposizione, di polarizzazione, che è opera del Maligno, e la corresponsabilità di tutti i battezzati che potrebbe realmente maturare nel percorso sinodale voluto da papa Francesco.

Il cammino è stato riaperto ed è davanti a noi: resistiamo alla tentazione di tornare indietro e andiamo avanti con convinzione attratti da lui, il Signore nostro, Gesù Cristo, l'unica nostra speranza.

# I

# PUNTI DI PARTENZA DEL CAMMINO

# 1

# LA CONVERSIONE AL VANGELO

La Chiesa di Dio che è in Italia vive un'ora che dovrebbe essere di scelte e decisioni molto importanti per il futuro della fede cristiana nella nostra terra. Sarà capace di operare un mutamento profondo, impostole innanzitutto dalla fine di un mondo e dall'affacciarsi dei germogli di una nuova stagione? Sarà capace di quella "conversione pastorale" alla quale la chiama il Papa, conversione urgente perché la primavera inaugurata da Francesco ormai è attestata e il rischio grande è che finisca proprio per risultare estranea, anacronistica rispetto all'inedita situazione antropologica, sociale, culturale? Detto con una semplice domanda: dove va la Chiesa?

Sono ormai passati dieci anni dall'inizio del pontificato di papa Francesco: non sono pochi, considerando anche che questo papato non potrà essere lungo come quello di Paolo VI o di Giovanni Paolo II, con la conseguente possibilità di incidere per lungo tempo nella vita della Chiesa cattolica. Tutti, così almeno sembra, sono convinti di questo cambiamento d'epoca, ma poi l'incamminarsi effettivo su nuovi sentieri, l'acconsentire al lutto della stagione passata, l'andare al largo su acque profonde (cf. Lc 5,4), lasciando la calma delle baie, è un'altra cosa ed è qui che a me sembra che prevalga l'inerzia, la logica del «si è sempre fatto così», un facile provvidenzialismo scambiato per fede, il rifiuto della fatica a discernere i segni dei tempi.

Eppure papa Francesco si è rivolto alla Chiesa italiana in modo puntuale e autorevole, chiedendole un mutamento preciso. Al Convegno nazionale della Chiesa italiana tenutosi a Firenze, il 10 novembre 2015, due anni dopo la promulgazione dell'Esortazione post-sinodale *Evangelii gaudium*, il Papa ha detto: «Permettetemi solo di lasciarvi un'indicazione per i prossimi anni: in ogni comunità, in ogni parrocchia e istituzione, in ogni diocesi e circoscrizione, in ogni regione, cercate di avviare, in modo sinodale, un approfondimento della *Evangelii gaudium*, per trarre da essa criteri pratici e per attuare le sue disposizioni». D'altronde, nell'Esortazione stessa il Papa aveva chiaramente manifestato il suo desiderio che questa fosse accolta come invito «a una nuova tappa evangelizzatrice marcata da questa gioia e indicare vie per il cammino della Chiesa nei prossimi anni»[1].

Nonostante ciò, questi inviti pressanti e convinti paiono non aver avuto finora una risposta adeguata. In un'intervista il cardinale Gualtiero Bassetti[2] ha confessato che in occasione di due udienze il Papa gli ha chiesto: «Ma l'*Evangelii gaudium* sta entrando nelle Chiese italiane?». Domanda imbarazzante, confessa il cardinale, alla quale ha risposto: «Un pochino…». E il Papa di rimando: «Non ho chiesto qualche rinnovamento della pastorale, vi ho chiesto una *conversione* pastorale!». E qui non si può tacere l'ironia: la formula "conversione pastorale" è stata coniata proprio in Italia ed è presente in modo chiaro e significativo nel documento *Comunicare il Vangelo in un mondo che cambia*[3], emanato dai vescovi italiani all'inizio del terzo millennio. Perché tanta lentezza, allora? Viene da chiedersi: «Siamo ancora lì?». Nella stessa intervista, il cardinale Bassetti dichiarava: «Nella Chiesa italiana si registra una certa lentezza nella ricezione

[1] Francesco, *Evangelii gaudium*, cit., 1.

[2] Presidente della Conferenza Episcopale Italiana dal 24 maggio 2017 al 24 maggio 2022.

[3] *Comunicare il Vangelo in un mondo che cambia. Orientamenti pastorali dell'Episcopato italiano per il primo decennio del 2000*, 29 giugno 2001.

del progetto di papa Francesco e si osservano tante chiusure!». Giudizio pacato, ma espresso con *parrhesía* e che significativamente trova concordi altre voci nella Chiesa che leggono la situazione in modo analogo. Penso per esempio a un libro intelligente, molto coraggioso, del biblista di Firenze Giulio Cirignano[4], o ad articoli di Giuliano Zanchi, di Marcello Neri e di altri che denunciano questa situazione: il canto del gallo risuona, ma si continua a dormire. Cerchiamo di capire il perché.

Innanzitutto occorre rilevare che abbiamo alle spalle, dopo la primavera di Giovanni XXIII, del concilio Vaticano II e di Paolo VI, decenni in cui la Chiesa italiana ha cercato sì di attuare il concilio, però non solo assecondandone un'interpretazione restrittiva, ma dimenticando l'evento concilio e lo spirito che lo animava. Per questo è stata una Chiesa più impegnata ad autoconservarsi che non una Chiesa "estroversa", una Chiesa autoreferenziale e non in confronto fiducioso con l'umanità, una Chiesa che ha tentato di far rivivere – fino a illudersi di esservi riuscita – una nuova forma di cristianità, giungendo persino negli anni attorno al 2000 a un'alleanza con il potere politico: insomma,

[4] Cf. G. Cirignano, *Bellezza del gaudio evangelico. Al centro della vita cristiana*, Mauro Pagliai, Firenze 2017.

una Chiesa tentata di stemperare il cristianesimo in “religione civile”.

Giulio Cirignano così riassume: «Questi cinquant’anni dal concilio sono stati vissuti in Italia quasi come una mesta elaborazione del lutto». Dal canto suo il cardinale Bassetti afferma che «il peccato originale è stato la poca ricezione del concilio Vaticano II nella Chiesa italiana». Così – mi sento di doverlo dire perché conosco bene e ascolto numerosi vescovi – l’episcopato italiano nella sua grande maggioranza non è ostile al Papa, non lo contesterà mai, ma resta con un’altra sensibilità che gli impedisce un’obbedienza entusiastica alle sue richieste.

Tra i nuovi vescovi scelti da papa Francesco, ce ne sono alcuni che hanno inaugurato uno stile nuovo, ispirato sì dal Papa, ma prima ancora dal Vangelo; tuttavia essi non sono in numero sufficiente per dare un nuovo volto all’insieme dell’episcopato italiano, anche perché continuano ad avvenire ancora nomine di persone “in carriera” o impegnate soprattutto nell’attesa di una promozione. E il clero? In verità i preti sono affaticati, sempre meno numerosi e più anziani – almeno in Italia settentrionale e centrale – sovente in situazioni di povertà economica e umana: salvo alcuni, faticano ormai a entusiasmarsi per nuove forme di missione.

Ecco perché è importante che ora con urgenza la Chiesa italiana, a iniziare dai vescovi e dai presbiteri, assuma la responsabilità del mutamento che le è necessario per essere luce e sale (cf. Mt 5,13-16) in un mondo che rimane sì indifferente al fatto religioso, ma che è anche sempre raggiungibile dal Vangelo, il quale, se ascoltato, provoca la fede.

Se si vogliono discernere e indicare le urgenze, bisogna riconoscere che sono molte, ma ve n'è una che non ho mai cessato di proclamare e che, significativamente, il cardinale Bassetti ha evidenziato nella sua prolusione al Consiglio permanente della CEI del 26 settembre 2017: l'urgenza che ogni parrocchia, comunità, Chiesa locale, riconosca fattivamente la priorità, la centralità del Vangelo. Perché il Vangelo è Gesù Cristo e Gesù Cristo è il Vangelo. È il Vangelo che deve plasmare la vita del cristiano, è la vita umana di Gesù che deve ispirare la vita quotidiana del cristiano. Questo richiede che si viva un'assiduità personale con la parola di Dio e che tutto l'operare della Chiesa sia obbedienza piena al Vangelo. Nella *Evangelii gaudium* questa egemonia del Vangelo è positivamente ossessiva perché il Papa crede fermamente che «il Vangelo è potenza di Dio» (Rm 1,16), è l'energia assolutamente necessaria all'operare dei cristiani.

Questa non è teoria, non sta nel mondo delle idee astratte, ma è la condizione necessaria perché si possa evangelizzare nella compagnia degli uomini. E qui mi permetto di notare che significativamente proprio con il magistero di papa Francesco si svelano i pensieri di molti cuori: quelli dei cristiani del Vangelo e quelli dei cristiani del campanile, che al Vangelo preferiscono la tradizione culturale, l'identità cattolica. Ecco perché papa Francesco, accolto dagli italiani con entusiasmo e applausi, comincia a subire anche diffidenze e rifiuti: perché «riguardo alla misericordia esagera», perché «con questa accoglienza dei migranti esagera», perché «con lui non si capisce più chi è fuori e chi è dentro la Chiesa». Parole che manifestano come la mente e il cuore di chi le partorisce siano lontani dall'annuncio del Vangelo.

Da parte mia, mi sento di poter dire: «Finalmente assistiamo a una apocalisse!», a un alzare il velo sulla realtà di molti che si sono sempre vantati di essere cristiani ma erano abituati ad affermarlo "contro" gli altri. Se il Vangelo torna a essere l'ispiratore della vita, allora le altre urgenze – quella di una Chiesa sinodale, quella di una Chiesa che includa i poveri, quella di una Chiesa aperta a tutti, anche ai peccatori – saranno tenute in conto e realizzate. Allora la Chiesa sarà missionaria o, meglio, ogni battezzato sarà evangelizzatore, capace di farsi ascoltare perché a propria volta esercitato all'ascolto del Vangelo e all'ascolto degli altri. Il mio vecchio e sapiente parroco, quando ancora si piegava in latino, al canto delle Lamentazioni nella Settimana santa «*Ierusalem, Ierusalem, convertere ad Dominum Deum tuum*», spiegava in italiano: «È l'invito rivolto alla Chiesa, chiamata Gerusalemme: Chiesa di Dio, Chiesa di Dio, convertiti al Signore tuo Dio!».

# 2

# LE URGENZE PER LA CHIESA OGGI

La Chiesa che è in Italia è dotata di molti doni ed è ancora una realtà viva in questa nostra società segnata dalla secolarizzazione, certo, ma soprattutto dall'indifferenza verso ciò che costituiva la sua anima fino a mezzo secolo fa: la "religione cattolica". Non siamo ancora in una situazione di cristiani in diaspora e neppure di piccole comunità di credenti che testimoniano il Vangelo in condizione di minoranza, potendo contare solo sulla loro capacità profetica. Il panorama è variegato, con diverse sfumature, ma ci sono ancora regioni in cui le comunità cristiane sono realtà visibili, eloquenti, nelle quali, seppur in diminuzione, non sono esigue le vocazioni al ministero presbiterale.

Vi è dunque una grande opportunità, una *chance* per il cristianesimo e di conseguenza per le Chiese, che dovrebbero restare vigilanti più che mai e dotarsi di un nuovo soffio di vita. Sono cioè chiamate a favorire una maturazione della soggettività dei battezzati, un rinnovamento della fede, sempre più pensata, e l'esercizio di uno stile che sappia essere eloquente, trasmettendo il Vangelo agli uomini e alle donne che ancora chiedono, anche se in modo non esplicito: «Vogliamo vedere Gesù!» (Gv 12,21).

Siamo tutti consapevoli del grande mutamento in atto, con velocità accelerata, negli ultimi dieci anni: sono vistosi sia la diminuzione dei partecipanti all'Eucaristia domenicale sia l'assottigliarsi della presenza delle donne nelle liturgie e nelle diverse diaconie parrocchiali. Ma soprattutto le nuove generazioni sono segnate da incertezze nel credere, da mancanza di appartenenza alla Chiesa, da rigetto delle immagini tradizionali di Dio e della morale tradizionale cattolica. La loro terra è "la terra di mezzo", senza le polarizzazioni dell'ateismo o della militanza religiosa. Le analisi, non solo sociologiche ma squisitamente ecclesiali, che Armando Matteo e Alessandro Castegnaro hanno proposto di questi fenomeni, ci ammoniscono da tempo sul cammino da percorrere.

Non siamo ingenui e sprovveduti, né entusiasti, ma crediamo che anche in questa situazione segnata da tendenze preoccupanti sia possibile avere fiducia per il futuro del Vangelo. Infatti, anche se oggi il discorso su Dio è diventato addirittura un ostacolo alla fede, anche se la Chiesa con le sue miserie e fragilità non gode di buona fama, tuttavia il Vangelo e Gesù Cristo continuano a intrigare, ad affascinare i nostri contemporanei. È significativo che oggi l'ateismo militante abbia conosciuto una "dolce morte", che gli atei non si professino più tali, che i non credenti confessino di "credere" e che, in ogni caso, tutti mostrino nei confronti di Gesù di Nazaret grande attenzione, simpatia, interesse. Ed è emblematico che un libro di Massimo Cacciari su Maria[5] e una sua intervista sul Natale autentico di Gesù[6], abbiano avuto grande eco nella società, oltre che presso i cristiani.

Questo è un tempo favorevole per un'evangelizzazione che non sia proselitismo, né propaganda né arrogante apologia, ma sia una proposta semplice e chiara del Vangelo, nient'altro che del Vangelo. Quali sono dunque le urgenze per la Chiesa? Ne indichiamo alcune, senza la pretesa di essere esaustivi o di interpretare in modo complessivo e unico i cammini che oggi ci paiono aprirsi.

[5] Cf. M. Cacciari, *Generare Dio*, Il Mulino, Bologna 2017.

[6] Cf. «I cristiani sono i primi ad aver dimenticato il Natale», intervista a M. Cacciari, in *Huffington Post Italia*, 25 dicembre 2017.

Innanzitutto credo sia necessaria una conversione di prospettiva. Siamo abituati a pensare il cristianesimo come un'eredità del passato da conservare gelosamente, impedendo ogni possibile impoverimento e discontinuità. Tale preoccupazione non va sottovalutata né tantomeno tralasciata. La Chiesa è cattolica non solo nell'estensione sulla terra, ma anche nel tempo: dalla Pentecoste fino a noi, la Chiesa è una comunione che non può smentire se stessa, né amputare le sue radici. Resta però vero che, come affermava profeticamente Aleksandr Men', «il cristianesimo non fa che iniziare», ogni giorno inizia. Occorre che pensiamo il cristianesimo come inadempiuto, non ancora realizzato, un cristianesimo che sappia esplorare nuove vie nella storia e nella società, che entri in consonanza con le domande degli uomini e delle donne di oggi, i quali sono soprattutto in ricerca di senso.

Si tratta di non avere paura di andare al largo, su acque profonde (cf. Lc 5,4), verso nuovi lidi che ci permetteranno di sperimentare nuovi modi e nuovi stili di vivere il Vangelo, nuovi modi di invocare Dio, nuovi linguaggi per dire la nostra speranza nell'amore più forte della morte. La società fondata sull'immagine di un Dio evidente, che si imponeva come potenza assoluta, un Dio di cui non dubitavano né la filosofia né la cultura, è ormai lontana, alle nostre spalle e incapace di intrigare gli umani. La parola «Dio» è diventata ambigua e, quando ascolto i giovani delle nuove generazioni, li sento associare Dio al fanatismo, al terrorismo, all'intolleranza; nella migliore delle ipotesi lo concepiscono come un'entità indefinita che le varie religioni propongono, l'una in concorrenza con l'altra. Perciò i giovani di oggi hanno perso ogni interesse per Dio. Se per la mia generazione la formula *quaerere Deum*, «cercare Dio», era fonte di grande passione, oggi solo attraverso un *quaerere hominem*, una ricerca dell'umano, si può instaurare un dialogo con i giovani, dialogo che non può non mettere in evidenza Gesù di Nazaret, colui che con la sua vita di uomo, pienamente umana, autentica umanizzazione, ha raccontato Dio (*exeghésato*: Gv 1,18).

La visione trionfante e autoritaria di Dio è ormai afona, e oggi mi pare urgente uscire anche dal paradigma che ha dichiarato la sua morte. Di fatto abbiamo attualmente la grazia di essere stati liberati da assetti religiosi, ma venati di idolatria, che davano al nostro Dio un volto "perverso". Senza dimenticare che i maestri dell'ateismo ci hanno obbligato a riscoprire in altro modo il Dio che pensavamo di conoscere bene e a rileggerlo a partire dalle sante Scritture, in particolare dal

Vangelo. Comprendiamo dunque più che mai le parole dell'Apocalisse di Giovanni: «Io sono l'Alfa e l'Omega, il Principio e la Fine» (Ap 22,6), perché esplicitano che, nella convivenza sociale, Dio non è il fondamento condiviso né una garanzia di provvidenzialismo, ma appare il Dio che viene ogni giorno della storia, là dove gli esseri umani si incontrano e tessono insieme la loro vita con responsabilità. Non bisogna dunque temere un cristianesimo inadempiuto, caratterizzato da novità che oggi non supponiamo. Dio continua a dirci: «Ecco, io faccio una cosa nuova. Proprio ora germoglia, non ve ne accorgete?» (Is 43,19). Il Signore viene per tutta l'umanità, chiedendole di vivere, come è venuto nella carne di Gesù di Nazaret «per insegnarci a vivere in questo mondo» (cf. Tt 2,12). Quando parla di una Chiesa «in uscita», papa Francesco indica anche una Chiesa aperta al futuro, al nuovo, al non preventivato, al non prevedibile.

In questa conversione pastorale di sguardo dal passato al futuro occorrerà battere strade inedite, correndo il rischio di una nuova enunciazione della fede. Si tratta non solo di rinnovare il linguaggio ma, più in profondità, di osare – come fece l'Apostolo Paolo – un'operazione transculturale, in modo che la salvezza, la liberazione portata da Cristo e il messaggio della sua resurrezione siano esprimibili ed eloquenti oggi nelle diverse culture. Per questo è richiesta grande fiducia nel popolo di Dio, popolo profetico, cioè chiamato a parlare a nome di Dio all'umanità. Dare fiducia al popolo di Dio significa essere veramente convinti che a ogni battezzato spetti la missione di testimoniare ed evangelizzare e che a ogni cristiano spetti il compito di edificare la Chiesa, la quale ha come suo primo nome «fraternità» (*adelphótes*), secondo la Prima lettera di Pietro (2,17; 5,9)[7]. Se la comunità cristiana riesce a essere fraternità, grembo dell'amore di Dio, e dunque maternità generatrice, il Vangelo potrà compiere la sua corsa nel mondo, con esiti imprevedibili ma ispirati dallo Spirito e da lui resi dinamici ed efficaci.

Tutto questo, sempre accompagnato dalla convinzione fondamentale, essenziale: ieri, oggi, sempre occorre guardare a Gesù di Nazaret, al suo stile, fonte di ispirazione in ogni tempo e in ogni terra. Quando egli riesce a emergere con la sua autorevolezza, con la sua coerenza tra il parlare, l'operare e il sentire, allora gli uomini e le donne sono attirati. Sì, attirati, secondo la sua promessa: «Quando mi vedranno nell'atto di

[7] Cf. *infra*, capitolo 9, p. 70.

dare la vita e di affermare solo l'amore, contro ogni inimicizia e violenza, di affermare il perdono invece della vendetta, allora si sentiranno tutti attirati da me» (cf. Gv 12,32).

## 3

# TRE ISTANZE PRELIMINARI PER UNA RIFORMA: ASCOLTO, ACCOGLIENZA, ECUMENISMO

In un panorama segnato dall'esclusione sempre più attestata della presenza cristiana nella nostra società dell'indifferenza, il discernimento condiviso del dove va la Chiesa si declina anche nella ricerca del "cosa fare" e nella sollecitudine per il Vangelo da parte di quanti ancora aderiscono a esso come al fondamento del loro vivere e del loro operare. Occorre riconoscerlo con onestà: abbiamo alle spalle decenni che non sono affatto un deserto. Dal concilio in poi, infatti, le Chiese hanno faticato, lavorato per l'evangelizzazione e lo sviluppo adulto della fede cristiana; bisogna ammettere che, pur in mezzo a contraddizioni, ritardi, a volte vere e proprie regressioni, non si è restati inoperosi né tanto meno ci si è comportati da nemici del Vangelo.

Tuttavia i frutti sono pochi, e dobbiamo constatare una sterilità della vita ecclesiale che ci ha portati a una situazione ormai di diaspora, più che di minoranza. Le primavere che abbiamo sperato e visto arrivare sono state presto arrestate da gelate repentine e oggi nella Chiesa si respira un clima spesso stanco, senza dinamica e a volte avvelenato da contese, divisioni, esclusioni, calunnie e guerre fratricide. Ritorna sempre d'attualità l'invocazione che la Bibbia ci fa elevare al Signore: «Convertici e noi ci convertiremo!» (cf. Lam 5,21), così come risuona l'interrogativo: «Che fare?» (cf. Lc 3,10-14). All'ordine del giorno vi sono molti temi che richiedono urgenti soluzioni perché vi sia un futuro per la Chiesa: la sinodalità, la presenza della donna nelle Chiese, il ministero ordinato e altri ministeri, il loro rapporto con il sacerdozio del popolo di Dio, la liturgia e la sua ritualità... Tutti temi strettamente connessi tra loro, che non possono trovare una soluzione senza una riforma spirituale e della *forma vitae* ecclesiale.

Vorrei dunque mettere in rilievo semplicemente tre istanze preliminari affinché si possano poi percorrere strade e itinerari di riforma. Mi propongo cioè di rispondere alla domanda «Che fare?» formulata oggi da una semplice comunità, da un gruppo ecclesiale, da una parrocchia, cercando in tal modo di immaginare la Chiesa. Potrà sembrare scontato, ma la prima istanza è quella di essere una Chiesa dell'*ascolto*. Non si dimentichi che il momento originario e generativo della comunità cristiana è, per l'appunto, l'ascolto: ascolto della parola di Dio contenuta nelle sante Scritture e proclamata nella potenza dello Spirito santo; «ascolto di ciò che lo Spirito dice alle Chiese» (cf. Ap 2,7.11.17.29; 3,6.13.22) qui e ora; ascolto reciproco tra fratelli e sorelle che formano una medesima assemblea chiamata a diventare un solo corpo, il corpo di Cristo. L'ascolto è decisivo, ma in realtà oggi è ciò che più manca nella vita del mondo e nella stessa vita della Chiesa.

Solo l'ascolto può restituire centralità ed egemonia al Vangelo nella vita dei credenti e delle comunità cristiane: è così che il Vangelo diventa la notizia buona e bella capace di far ardere il cuore, intrigare, chiamare, destare fede-fiducia in chi lo ascolta. Solo una Chiesa dell'ascolto riceve la linfa vitale dal suo Signore e vive della comunione con lui. Ma l'ascolto della parola di Dio spinge e abilita necessariamente all'ascolto degli altri, fratelli e sorelle, che sono la Chiesa: ascolto reciproco, in cui ciascuno ha qualcosa da imparare, dal semplice battezzato, al vescovo, al Papa. Ascolto dunque anche del mondo, dell'umanità di cui facciamo parte e in mezzo alla quale siamo posti. Se vi è questo ascolto, allora è possibile percorrere le vie della fraternità e della sororità senza confini e con orizzonti universali, imparando la grammatica del camminare insieme, della sinodalità. E attenzione: parlare di «sinodalità» nella vita ecclesiale non significa innanzitutto rimandare a un'istituzione, ma a un modo peculiare di vivere da parte della Chiesa[8]. Solo una Chiesa che sa ascoltare saprà essere sinodale, altrimenti sarà unicamente caratterizzata da qualche organo burocratico in più.

La seconda istanza riguarda una qualità ecclesiale che non emerge a sufficienza, neanche in una Chiesa come quella odierna che spende tante energie e dà grande testimonianza nell'accoglienza degli stranieri. È l'istanza di una Chiesa ospitale non solo nel mettere in atto azioni di carità ma nella pratica dell'*accoglienza* quotidiana nella vita ecclesiale e nella liturgia. Al riguardo occorre una conversione: la Chiesa non deve solo dare ospitalità ma cercare e chiedere ospitalità, offrendo la sua presenza gratuita come un dono in mezzo agli uomini e alle donne non cristiani, al cuore di questo mondo indifferente. Le nostre comunità, peraltro attive nella carità, restano ancora troppo delimitate e chiuse, comunità di cattolici praticanti con tentazioni esclusiviste.

[8] Cf. *infra*, parte III, p. 105.

Occorre invece aprire i nostri spazi, allargare le nostre tende e invitare tutti a venire, per poterci dire fratelli e sorelle insieme, per offrirci reciprocamente la presenza senza strategie di conversione e tantomeno di crescita della comunità cristiana: ecco dunque una «Chiesa che si fa colloquio»[9], che cammina con gli umani, che è sollecita alla vita bella e buona degli uomini e delle donne, per custodire insieme questa nostra terra. Che meraviglia, che stupore e che fraternità si riescono a vivere in quelle parrocchie nelle quali, dopo la liturgia eucaristica, sul sagrato della chiesa o in qualche sala attigua ci si incontra, ci si saluta, ci si guarda negli occhi. Sì, la Chiesa è chiamata a diventare comunità ospitale in un mondo sempre meno ospitale. Proprio ciò che non è più praticato dagli altri, ed è però umanissimo, deve essere recuperato dai cristiani.

Infine la terza istanza – e non si pensi che lo sia in ordine di importanza – è quella della *dimensione ecumenica*. Con l'inizio del ministero di papa Francesco abbiamo registrato con gioia una serie di gesti ecumenici e anche di parole profetiche che parevano una promessa di passi verso l'unità. Ma ora tutto è fermo

[9] Mi riferisco alle parole di Paolo VI, Enciclica *Ecclesiam suam* (6 agosto 1964) 67: «La Chiesa deve venire a dialogo col mondo in cui si trova a vivere. La Chiesa si fa parola; la Chiesa si fa messaggio; la Chiesa si fa colloquio».

e l'ecumenismo sembra non attrarre più l'attenzione delle Chiese, che accettano supinamente quest'ora di gravi tensioni tra di loro e di paralisi del dialogo. Va però detto con chiarezza: senza l'unità dei credenti in Cristo non solo permane lo scandalo della divisione, ma le logiche della tribù e del confessionalismo impediscono lo scambio e l'aiuto reciproco in vista di una riforma, inibiscono il confronto che vive della diversità riconosciuta e riconciliata.

L'unità non la troveremo al termine di dialoghi dottrinali lenti e sfiancanti, ma grazie a incontri e ad azioni intraprese insieme. Il divieto di ospitalità eucaristica, finora sempre confermato, aumenta la diffidenza degli uni verso gli altri, e così ogni Chiesa fa il suo cammino come se le altre non esistessero. Ma questo è disastroso, oltre che antievangelico! Siamo in diaspora, siamo minoranza all'interno di una marea di indifferenti, eppure il Vangelo non ha perso la sua potenza: siamo noi che, seppellendolo sotto la cenere, gli impediamo di ardere come fuoco portato da Gesù sulla terra (cf. Lc 12,49).

# 4

# CHI È LA CHIESA?

Fin qui ci siamo chiesti: dove va la Chiesa? Ma ogni tanto è bene fermarsi e tornare ai fondamenti, chiedendosi: chi è la Chiesa? La Chiesa, *ekklesía*, è un'assemblea di *ekkletoí*, una realtà di uomini e donne che Dio chiama, distingue dagli altri attraverso la sua Parola; una realtà plasmata dal Vangelo di Gesù Cristo; una realtà costantemente edificata in un corpo dallo Spirito santo (cf. Ef 2,22). Ecco chi è la Chiesa. E dico «chi», non «che cosa», perché la Chiesa è un soggetto, una creatura, una persona mistica.

Ma la Chiesa, *creatura Verbi*, realtà che è nata e sempre nasce dalla parola di Dio, vive nel mondo, nella storia e a servizio dell'umanità intera. Non è un luogo segnato dal privilegio della chiamata, ma piuttosto contraddistinto dalla responsabilità verso tutti gli altri. Come il popolo santo dell'antica alleanza è un popolo scelto da Dio in Abramo affinché la benedizione di Dio giunga a tutte le genti (cf. Gen 12,2-3), così la Chiesa è chiamata a portare la salvezza al mondo intero. Per questo la Chiesa è costitutivamente luogo di dialogo. luogo della parola che si lascia attraversare da un'altra parola; luogo in cui si intrecciano linguaggi e cammini di comunione; luogo in cui regna la comunicazione.

Chiamati al dialogo con Dio, i cristiani hanno il compito di intessere un dialogo anche con tutti gli altri esseri umani. Questa è la loro funzione sacerdotale tra le genti della terra (cf. 1Pt 2,5.9; Es 19,6), la loro ragion d'essere: l'essere strumento di dialogo e riconciliazione. Per questo la Chiesa nata a Pentecoste è una realtà che sa esprimere la buona notizia nelle diverse lingue della terra (cf. At 2,1-11). Subito la Chiesa per bocca di Pietro e degli altri proclama il Cristo risorto e vivente, e ciascuno sente risuonare l'annuncio nella propria lingua. Nella mattina di Pentecoste le persone presenti a Gerusalemme non devono assumere un'altra lingua, ma è la Chiesa che annuncia il Vangelo nella loro lingua, dunque fa innanzitutto un passo di dialogo attraverso il suo linguaggio.

Sì, la Chiesa nasce dialogica, è per sua natura capace di un dialogo plurale con le diverse culture e genti della terra a cui è inviata: «Mi sarete testimoni a Gerusalemme, in tutta la Giudea e la Samaria e fino ai confini della terra» (At 1,8), dice il Risorto agli Undici. Non è un caso che la Chiesa abbia subito saputo dialogare con il mondo, addirittura con il mondo a lei ostile dell'impero romano, in un'epoca in cui, a fasi alterne, subiva una persecuzione a tratti persino cruenta. Anche in quei primi tre secoli i cristiani hanno dialogato con i cittadini dell'impero, con la cultura filosofica pagana, con le diverse genti del Mediterraneo. Gli scritti di apologeti come Giustino e di padri come Clemente Alessandrino e Basilio di Cesarea ne danno ampia testimonianza.

I cristiani si mostravano cittadini leali verso l'autorità politica romana, pregavano per essa, si sottomettevano alle leggi (cf. Rm 13,1-7) e cercavano di vivere in pace con tutti. Ma dobbiamo confessare con umiltà che, a partire dal IV secolo, talvolta questo atteggiamento è stato smentito dagli stessi cristiani e la Chiesa non sempre è stata luogo di dialogo. Soprattutto nella difesa della verità – come affermò con coraggio Giovanni Paolo II durante il Giubileo del 2000 – i cristiani hanno assunto metodi in contraddizione con la verità di Cristo e con il suo spirito. Invece del dialogo abbiamo praticato l'esclusione; invece dell'ascolto delle differenze la condanna; invece della comprensione o della tolleranza addirittura la persecuzione di chi era "altro": gli ebrei, gli "eretici" e, più in generale, chiunque mostrasse una diversità di opinioni, di etica, di fede.

Infine, dopo tre secoli in cui la Chiesa era stata spaventata dalla modernità, dall'illuminismo, dalla rivoluzione francese e poi dalla laicità e dall'ostilità dei grandi imperi e delle ideologie totalitarie, ecco arrivare papa Giovanni XXIII, il concilio Vaticano II, Paolo VI. Papa Giovanni fece nuovamente del dialogo l'atteggiamento della Chiesa: dialogo con i "fratelli separati", si diceva allora dei cristiani non cattolici; dialogo con gli ebrei dopo secoli di ostilità; dialogo con gli uomini e le donne non cristiani e non credenti... E qui mi corre l'obbligo di ricordare, accanto alla costituzione conciliare *Gaudium et spes*, anche un'Enciclica di Paolo VI oggi purtroppo dimenticata: l'*Ecclesiam suam*. La sua terza parte è dedicata proprio al dialogo che la Chiesa, per la sua stessa natura, deve intrattenere. Da questo splendido testo cito alcune parole che accesero il cuore di tanti di noi, che lo fecero ardere di gioia e di commozione, perché vedevamo in esse l'aggiornamento, la riforma voluta da papa Giovanni e dal concilio, confermata e indicata da Paolo VI:

> Daremo a questo interiore impulso di carità, che diventa dono esteriore di carità, il nome ... di dialogo. La Chiesa

> deve venire a dialogo col mondo in cui si trova a vivere. La Chiesa si fa parola; la Chiesa si fa messaggio; la Chiesa si fa colloquio ... Ancor prima di convertire il mondo, ... bisogna accostarlo e parlargli ... L'origine del dialogo si trova nell'intenzione stessa di Dio ... Oggi, cioè ogni giorno, [il dialogo] deve ricominciare; e da noi prima che da coloro a cui è rivolto[10].

Queste parole di Paolo VI sono coraggiose, ferme, convinte e piene del Vangelo e dei sentimenti di Cristo. A partire da questa intuizione centrale, il Papa tracciava nell'Enciclica alcuni cerchi, di costante attualità:

- dialogo con tutto ciò che umano e con tutta l'umanità. Questo in vista dell'umanizzazione, compito comune a cristiani e non cristiani, e in vista della pace, dono supremo per l'umanità;
- dialogo con tutti i credenti in Dio, i cercatori di Dio nelle altre religioni;
- dialogo con i fratelli cristiani non cattolici;
- dialogo all'interno della Chiesa tra pastori e fedeli, tra doni diversi, tra le diverse componenti della Chiesa.

[10] Paolo VI, *Ecclesiam suam*, cit., 66-67.70.72.79.

In quest'ottica, ci possiamo congedare con le parole di un mirabile testo delle origini cristiane, indirizzato da un anonimo credente in Cristo a un certo Diogneto:

> I cristiani non si distinguono dagli altri uomini né per territorio, né per lingua, né per abiti. Non abitano neppure città proprie, né usano una lingua particolare, ... ma testimoniano uno stile di vita mirabile e, a detta di tutti, paradossale ... Risiedono nella loro patria ma come stranieri domiciliati (*pároikoi*); a tutto partecipano come cittadini e a tutto sottostanno come stranieri (*xénoi*); ogni terra straniera è patria per loro e ogni patria è terra straniera. Si sposano come tutti e generano figli, ma non espongono i loro nati. Mettono in comune la tavola, ma non il letto ... Dio ha assegnato loro una missione così importante che essi non possono disertare[11].

[11] *A Diogneto* V,1-2.4-7; VI,10.

5

# LA CHIESA, CASA E SCUOLA DI COMUNIONE

A partire dal concilio Vaticano II i cristiani sono ritornati a porre al centro della loro prassi e della loro riflessione il fatto che – come titolava un libro del 1964 – «la Chiesa è una comunione»[12], che la *koinonía* è la forma costitutiva della chiesa. Il Vaticano II ha inoltre riaffermato con chiarezza che la Chiesa locale è la *catholica*, Chiesa di Dio radunata attorno al vescovo successore degli apostoli, principio di comunione tra le differenti componenti ecclesiali e i diversi ministeri mediante i quali è edificato il corpo di Cristo. Si è giunti persino a forgiare l'espressione «ecclesiologia di comunione», a dire che la Chiesa non è, come per secoli si era ritenuto, una piramide gerarchica, bensì una comunione compaginata sinfonicamente dallo

[12] J. Hamer, *La Chiesa è una comunione*, Morcelliana, Brescia 1964.

Spirito: «tutti quelli che sono di Cristo, avendo lo Spirito santo, formano una sola Chiesa e sono tra loro uniti in lui (cf. Ef 4,16)»[13].

Facendosi autorevole interprete del dettato conciliare, il Papa indicava come grande compito per i singoli cristiani e la Chiesa intera proprio «la comunione che incarna e manifesta l'essenza stessa del mistero della Chiesa»[14]. Ciò esige da parte di tutti un impegno contro gli individualismi, contro le logiche ispirate a preferenza di persone, contro le tentazioni di vivere anche nella Chiesa secondo logiche mondane. Lo stesso Giovanni Paolo II ha chiesto con forza che la Chiesa sia «casa e scuola di comunione»[15], luogo in cui esperire la *koinonía* e l'*agápe*, l'amore. Nella Chiesa non c'è posto per l'atteggiamento di sufficienza di chi afferma di non avere bisogno dell'altro (cf. 1Cor 12,21), non vi è possibilità di dominare come fanno i grandi di questo mondo (cf. Mc 10,42-45 e par.); nella Chiesa non è possibile contraddire quella comunione dei beni spirituali e materiali che il Signore ci ha chiesto come segno del nostro essere suoi discepoli (cf. At 2,42-45; 4,32-35; 5,12-16), né si può partecipare alla vita

[13] *Lumen gentium*, cit., 49.
[14] Giovanni Paolo II, Lettera apostolica *Novo millennio ineunte* (6 gennaio 2001) 42.
[15] *Ibid.* 43.

ecclesiale senza che un vero *sensus ecclesiae* sia anteposto all'appartenenza al gruppo o al movimento.

Ora, se i credenti vorranno vivere realmente la Chiesa come casa di comunione, saranno chiamati a comportamenti nei quali la logica del *sýn* («con») e dell'*allélon* («reciprocamente») plasmi ogni giorno la vita ecclesiale. La Chiesa non è opera di singoli, fossero pure guide carismatiche o grandi pastori; essa è *sýn-odós*, «camminare insieme» nella storia, verso il Regno: vescovo, presbiteri e fedeli, ciascuno con la grazia e il ministero suo proprio, ma tutti impegnati a vivere la comunione nell'unico corpo di Cristo. Solo se si apriranno concreti cammini di attuazione della comunione ecclesiale, potranno crescere delle comunità cristiane mature, e la Chiesa potrà essere percepita come luogo in cui apprendere la comunione da parte delle nuove generazioni cristiane e di tutti gli umani, i quali cercano segni di comunione in un mondo solcato da rivalità e inimicizie. Secondo le parole stesse di Gesù, infatti, dalla qualità della comunione vissuta dai cristiani dipende anche il giudizio dei non credenti su di loro: «Da questo tutti sapranno che siete miei discepoli, se avrete amore gli uni per gli altri» (Gv 13,35).

Il concilio ha inoltre segnato la fine di una posizione difensiva, che concepiva la Chiesa come cittadella arroccata e il mondo come suo insidioso nemico: la Chiesa è dunque ritornata a dialogare con il mondo e i cristiani a essere tali nella società, senza evasioni né eccezioni. Se è vero che in termini quantitativi i credenti oggi sono meno numerosi di ieri, al punto da essere divenuti minoranza anche nei paesi di antica cristianità come l'Italia, sono però dotati di una consapevolezza della loro identità ben più profonda di un tempo. In tale condizione, il compito dei cristiani è quello di dialogare con tutti i loro contemporanei, di mettersi al loro servizio, prolungando così il servizio compiuto da Dio con la sua umanizzazione in Gesù. «Dio ha tanto amato il mondo da dare il suo Figlio unigenito» (Gv 3,16). Dio si è fatto uomo per servire noi umani, e la Chiesa prosegue questa diaconia, facendosi serva di tutti e annunciatrice del Vangelo tra le genti: «Noi guardiamo al mondo con immensa simpatia. Se il mondo si sente estraneo al cristianesimo, il cristianesimo non si sente estraneo al mondo»[16].

I cristiani sono dunque chiamati a vivere nella compagnia degli uomini, la loro *polis* è quella degli altri umani, diversi per cultura, fede, appartenenza etnica, lingua, e anche codice morale. I nostri fratelli e sorelle

[16] Paolo VI, Discorso in occasione della solennità dell'Epifania nella santa grotta di Betlemme (6 gennaio 1964).

in umanità si domandano oggi, forse più di ieri: «Cosa posso sperare?», e noi cristiani dovremmo esercitarci ad ascoltarli, ben sapendo che Cristo risorto può essere per loro speranza efficace che la morte non è l'ultima realtà, e che «lo Spirito santo offre a tutti la possibilità di essere associati, nel modo che Dio conosce, al mistero pasquale»[17]. Ora, tale comportamento può apparire in contraddizione con lo *status viatoris* del cristiano, costitutivamente straniero e pellegrino sulla terra (cf. 1Pt 1,1; 1,17; 2,11), condizione così riassunta dall'Apostolo Paolo: «La nostra patria è nei cieli» (Fil 3,20). Sì, la Chiesa è pellegrina sulla terra, la sua cittadinanza è solo il cielo dove i cristiani «non sono più stranieri né pellegrini, ma concittadini dei santi e familiari di Dio» (cf. Ef 2,19). Queste affermazioni neotestamentarie non vogliono però invitare i discepoli di Gesù all'evasione dalla storia, bensì a restare fedeli alla terra mentre continuano a cercare le cose dell'alto.

Proprio vivendo questa fedeltà i cristiani, pur lottando contro gli idoli mondani e mantenendo vivo l'orizzonte escatologico, possono dare un contributo essenziale alla *polis*. Essa infatti abbisogna di cristiani autentici e maturi che, capaci di dedicarsi al bene

[17] Concilio Vaticano II, Costituzione pastorale *Gaudium et spes* (7 dicembre 1965) 22.

comune, sappiano renderla più abitabile e si rendano artefici di una migliore qualità della convivenza umana: una convivenza maggiormente segnata dalle esigenze della giustizia, della condivisione, del perdono e della pace, e, come tale, in grado di contrapporre cammini comuni e condivisi alla barbarie incombente.

Come amava ripetere papa Giovanni, «non è il Vangelo che cambia, siamo noi che lo comprendiamo meglio»: oggi comprendiamo il Vangelo meglio di ieri, e proprio per questo è più grande il nostro debito verso gli uomini e le donne del nostro tempo. Quali autentici discepoli di Cristo siamo dunque chiamati a vivere quella che amo definire «differenza cristiana», ossia un'esistenza diversa rispetto a quella di chi non si definisce cristiano. E questo non per un'ostinata volontà di distinzione, ma perché la vita dei cristiani, essendo modellata su quella di Gesù Cristo, è di fatto diversa dalla vita mondana: nessun disprezzo per gli umani nostri fratelli e sorelle, ma la lucida coscienza di essere chiamati a «stare nel mondo senza essere del mondo» (cf. Gv 17,11-16). O nella compagnia degli uomini sapremo essere come sale capace di dare sapore, oppure saremo quel sale di cui Gesù ha detto che, divenuto insipido, «serve solo a essere calpestato dalla gente» (Mt 5,13): non c'è una terza possibilità…

# II

# STRUMENTI PER IL VIAGGIO

## 6

# IL PRIMATO DELLA PAROLA E DELL'ASCOLTO

Quando cerchiamo di leggere la relazione tra parola di Dio contenuta nelle sante Scritture e popolo di Dio, ci risulta evidente che oggi tale legame purtroppo è garantito quasi esclusivamente dalla liturgia eucaristica domenicale, in cui la proclamazione della Parola e l'omelia del presbitero che presiede l'assemblea raggiungono gli orecchi dei fedeli ascoltatori.

Nonostante la fine dell'esilio della Bibbia dalla comunità cristiana avvenuta con il concilio Vaticano II, non è ancora maturata in ambito cattolico l'assiduità personale con la parola di Dio, tramite la lettura o la *lectio divina* al di fuori del contesto liturgico. Restano pochi, se si escludono presbiteri e religiosi, quelli che quotidianamente attingono soprattutto al Vangelo per nutrire la loro vita di fede e per orientare il loro agire nella compagnia degli uomini, nella storia, nel mondo.

In pochissime comunità la *lectio divina* comunitaria settimanale e l'omelia nella liturgia eucaristica sono articolate come due momenti distinti, con una propria forma, un proprio stile, un'adeguata collocazione nel ritmo liturgico. Per le comunità cristiane ordinarie, come si diceva, l'omelia domenicale resta l'unica occasione di ascolto e di meditazione della Parola.

Ciò rende importante interrogarsi su come l'omelia è fatta e recepita oggi, essendo un atto decisivo, la cui efficacia e ricezione plasmano la fede e la vita dei battezzati. Che cosa dunque ci sembra urgente precisare? Oggi – va riconosciuto – quasi tutte le omelie vogliono essere ispirate dalle letture liturgiche, in particolare dal Vangelo, e tuttavia poche sono realmente capaci di essere *euanghélion*, buona e bella notizia comunicata agli uomini e alle donne del nostro tempo.

È vero: è sempre meno attestata un'omelia segnata dal letteralismo, dove cioè la lettera del testo è ridetta senza la fatica dell'interpretazione e del discernimento dello Spirito santo presente nelle Scritture. È ugualmente rara l'omelia che attraversa i testi come siti archeologici, fermandosi cioè in modo noioso alla redazione o all'analisi storico-critica. Si è però ancora lontani dall'assunzione della parola di Dio presente nei testi ma leggibile e comprensibile solo nella storia, solo nell'ascolto del mondo. Il predicatore deve innanzitutto essere un ascoltatore non solo del Signore che parla nelle Scritture ma anche del popolo destinatario della Parola, dell'umanità tutta, qui e ora.

Significativamente, nell'*Evangelii gaudium* papa Francesco ha dedicato all'omelia una sezione ampia[1], talmente ampia da sembrare sproporzionata rispetto al testo nella sua interezza, ma lo ha fatto nella consapevolezza del cambiamento necessario in questa diaconia della Parola. Tutto il suo insegnamento ruota attorno alla necessità che il predicatore, evangelizzato dalla Parola, sia un evangelizzatore capace di esortare il popolo destinatario dell'omelia. Francesco fornisce anche indicazioni molto pratiche sia per la preparazione, sia per il linguaggio e lo stile da adottare, ma ciò che mi pare più rilevante nella sua esortazione sull'omelia è una duplice urgenza: primato della Parola e primato dell'ascolto concreto, quotidiano. Ascolto sia della comunità cristiana che è "profetica", capace di *sensus fidei*, sia dell'umanità che attende una parola in grado di rendere sensata la vita di ciascuno.

Cosa occorre dunque affinché l'omelia sia realmente quella buona notizia che invita alla conversione e

[1] Cf. Francesco, *Evangelii gaudium*, cit., 135-175.

spinge ad aderire, a credere a questa Parola ricolma di efficacia, capace di salvezza? In primo luogo occorre guardare a Gesù, nella cui vita umanissima Dio ha voluto rivelarsi. Gesù ha predicato il Vangelo di Dio (cf. Mc 1,14), mostrando di essere abitato da una sapienza (*sophía*) umana (cf. Mc 6,2), che gli era riconosciuta nel suo annunciare, predicare, dialogare con quelli che incontrava. E se la gente si stupiva del suo insegnamento (*didaché*), ciò era dovuto all'autorevolezza (*exousía*) che emanava dalle sue parole (cf. Mc 1,22). Gesù appariva come un maestro, un profeta credibile e affidabile perché vi era coerenza tra il suo vivere e il suo parlare: non c'era frattura tra le sue parole, i suoi gesti e i suoi sentimenti. Questa sua integrità, questa sua pratica umana della fede suscitava l'esclamazione: «Mai un uomo ha parlato come costui» (Gv 7,46). E non perché ci fosse in lui qualcosa di sovrumano, ma proprio per la sua umanità!

In Gesù vi era poi anche la capacità di ascolto degli uomini e delle donne ai quali si sentiva inviato. Per questo andava di città in città, di villaggio in villaggio, predicando la venuta del Regno, annunciandolo e rendendolo prossimo alle persone che curava, guariva e dalle quali scacciava demoni (cf. Mt 9,35; Lc 8,1). Non stava con le pecore dell'ovile ma si sentiva «inviato alle pecore perdute della casa di Israele» (Mt 15,24). Aveva compassione delle folle, «perché erano come pecore che non hanno pastore» (Mc 6,34). Manteneva sempre viva questa sua capacità di vicinanza e di compassione, che spesso mostrava anche nel suo interessarsi a chi aveva di fronte, nel porgli domande, ben prima di insegnare.

A immagine di Gesù annunciatore del regno di Dio, il predicatore dovrebbe sempre cercare nei testi su cui è chiamato a parlare la buona notizia, il Vangelo da trasmettere agli ascoltatori. Non dovrebbe dunque predicare ascoltando le proprie emozioni, le proprie urgenze, ma "dire" la buona notizia. Se un'omelia è priva di questa buona notizia, i destinatari provano noia, fastidio, smettono di ascoltare... Aveva ragione lo scrittore cattolico François Mauriac quando annotava: «Non c'è nessun luogo in cui i volti delle persone sono così inespressivi come in chiesa durante le prediche!». In un'omelia le parole non dovrebbero risultare «una poltiglia melensa e insignificante, come una pietanza immangiabile o, comunque, ben poco nutriente» (Mariano Crociata). Va detto con chiarezza: se non c'è buona notizia, non c'è Vangelo, anche se si predica sul Vangelo!

Purtroppo sovente oggi nelle omelie, sebbene queste partano dal testo evangelico, prevale una dimensione moralistica, magari nutrita di letture antropologiche o psicologiche ma in ultima analisi colpevolizzante, sempre tesa ad accusare gli ascoltatori, l'assemblea. A volte addirittura sembra che l'omelia sia l'occasione per manifestare le proprie ossessioni (sulla sessualità o su altri temi antropologici), trasformate in accuse scaricate sui destinatari: chi parla in questo modo pare quasi accecato e non sa discernere che quelle parole di giudizio e di condanna devono innanzitutto essere indirizzate a se stessi! Si può anche parlare di Gesù Cristo, ma se il discorso si riduce a una lettura fenomenologica del suo dire e operare, non vi è più posto per la buona notizia. In questo caso, meglio un'omelia semplice, che può sembrare poco dotta o dallo stile dimesso, che una predica tesa solo a sedurre e non a chiedere conversione.

Non è facile annunciare il Vangelo, cioè Gesù Cristo, come buona notizia. Per gli intellettuali, in particolare, la tentazione ricorrente è quella di fare omelie prive del Vangelo, ricorrendo invece al proprio bagaglio di conoscenze letterarie o artistiche. Ma se il predicatore è in mezzo al suo popolo, se ascolta gli uomini e le donne della sua comunità e quelli che incontra nel mondo, nella storia, allora è più facile che la parola di Dio venga colta tra le sue parole e così il Vangelo sia annunciato. Papa Francesco, in una sua omelia, ha coniato l'espressione «vicinanza "di cucina"» per chiedere agli annunciatori del Vangelo di stare sempre dove si «"cucinano" le cose importanti»[2], cioè dove si discerne il cibo buono della Parola e si conosce, grazie alla vicinanza alla gente, cosa le manca e di cosa ha bisogno. Certamente, per fare tutto questo occorre soprattutto credere che «il Vangelo è potenza di Dio» (Rm 1,16) che di per sé opera sempre, anche in modo imprevedibile o nascosto; occorre far sentire la presenza di Gesù non sul piano delle idee ma nella concretezza delle relazioni umanissime; occorre credere che la debolezza dell'annunciatore non è un ostacolo ma è una grazia che consente di fare maggiormente spazio al Vangelo. Basta poco, in fondo: basta non vergognarsi del Vangelo di Dio (cf. *ibid.*), di Gesù Cristo (cf. Mc 8,38; Lc 9,26) dimorando in mezzo, vicino agli uomini e alle donne.

[2] Id., Omelia per la santa messa del crisma (29 marzo 2018).

7

# LA TRASMISSIONE DELLA FEDE

Siamo tutti convinti che la crisi più vistosa e determinante per il futuro delle comunità cristiane è quella riguardante la trasmissione della fede, in particolare nel nostro paese. In altre Chiese europee, infatti, questa rottura della trasmissione dell'eredità cristiana è avvenuta alcuni decenni fa, mentre in Italia la stiamo vivendo attualmente ed essa si impone con un'accelerazione che richiede a tutti i cristiani di intervenire, cercando e assumendo antidoti a tale situazione. I dati che ci vengono forniti da diverse analisi dicono che soprattutto la generazione degli attuali quarantenni e cinquantenni si mostra incapace e afona nel trasmettere il Vangelo, la memoria di Gesù Cristo e – diciamolo con chiarezza – la speranza cristiana ai loro figli, immersi in una giovinezza priva di orientamenti, che pure cercano e desiderano per trovare ragioni e senso alla loro vita.

Interroghiamoci dunque sulla trasmissione della fede qui e ora. Bisogna innanzitutto affermare che la trasmissione è un dovere, un compito del cristiano, perché risponde a un'esigenza espressa anche nelle Scritture: «Questi precetti che oggi ti do, ti stiano fissi nel cuore. Li ripeterai ai tuoi figli, ne parlerai quando ti troverai in casa tua, quando camminerai per via, quando ti coricherai e quando ti alzerai» (Dt 6,6-7). E più avanti, sempre nel Deuteronomio, la parola del Signore attesta: «Quando domani tuo figlio ti domanderà: "Che cosa significano queste istruzioni, queste leggi e queste norme che il Signore, nostro Dio, vi ha dato?", tu risponderai a tuo figlio: "Eravamo schiavi del faraone in Egitto e il Signore ci fece uscire dall'Egitto con mano potente"» (Dt 6,20-21). Queste parole che stanno al cuore della fede degli ebrei, e ovviamente della nostra fede in Gesù Cristo, attestano che la trasmissione è un necessario insegnamento intergenerazionale, di padre in figlio, quale trasfusione di memoria per creare un orizzonte comune di fede e di speranza, quale comunicazione di un'esperienza che può costruire una comunità nel tempo, una comunione diacronica del popolo di Dio.

In questo la "narrazione", forma biblica dell'enunciazione della fede, svolge un ruolo privilegiato. Forse l'odierna crisi della trasmissione è dovuta anche all'incapacità di narrare, di fare memoria, di rinnovare un messaggio, di prestare attenzione a ciò che ci ha preceduto, perché tutte le energie sembrano esaurirsi nell'attimo fuggente, in un presente che non sa da dove è originato ed è incapace di proiettarsi nel futuro.

Non possiamo neppure dimenticare che nel Nuovo Testamento la necessità della trasmissione è manifestata come possibilità di legame tra le generazioni. Afferma più volte Paolo nelle sue lettere: «Io vi trasmetto quello che ho ricevuto» (1Cor 15,3 ecc.). L'Apostolo è consapevole non solo della necessaria continuità della fede tra antica e nuova alleanza, tra Gesù Cristo e la Chiesa, ma anche che trasmettendo si genera alla fede, si agisce in modo da operare un'inclusione nel popolo in alleanza con il Signore. Dunque la trasmissione è un dovere che permette di abitare la terra e di stare nella storia conservando e rinnovando l'alleanza con Dio, diventando testimoni della sua azione di misericordia e di salvezza in favore dell'intera umanità.

Ma accanto alla dimensione del "dovere" si colloca anche quella del desiderio di far partecipare altri, la generazione che viene, alla buona notizia che ha "salvato" la nostra vita. La trasmissione si basa sulla convinzione che ciò che è essenziale per noi può esserlo anche per gli altri. Dovere e desiderio convergono nel comporre la responsabilità della trasmissione. Chi ha ricevuto il Vangelo sente nel Vangelo stesso l'appello a trasmetterlo. Al riguardo vi è un'affermazione dell'intellettuale francese Régis Debray che mi pare molto significativa: «Trasmettiamo affinché ciò che viviamo, crediamo e pensiamo non muoia con noi». Parole che dovrebbero intrigarci nel profondo, spingendoci a meditare sul fatto che la trasmissione è chiamata a confrontarsi con la non-trasmissione, la quale è fine, morte della nostra fede e della nostra speranza.

Proprio per questo ci poniamo la domanda: c'è un futuro per il cristianesimo? Se le nuove generazioni sono così indifferenti alla fede, che ne sarà della speranza cristiana? Risuona dunque in modo drammatico l'interrogativo di Gesù: «Il Figlio dell'uomo, quando verrà, troverà la fede sulla terra?» (Lc 18,8). E proseguendo il ragionamento, ecco emergere la domanda decisiva: noi che, per esperienza vissuta e per età siamo costituiti quale generazione dei "traghettatori", abbiamo la convinzione che la nostra fede è salvezza per le nostre vite? Crediamo che Gesù Cristo è il tesoro scoperto in un incontro, per il quale abbiamo lasciato e dimenticato tutto il resto, al fine di seguire lui, avendo messo la nostra fede in lui, il salvatore delle nostre vite e il vincitore sulle nostre morti?

La trasmissione deve trasportare un'esperienza e un vissuto nel tempo, attraverso (trans-) le generazioni, deve darle una continuità, un avvenire. La trasmissione vuole impedire che la fede resti una vicenda momentanea, facendola invece diventare storia personale e di popolo. Solo con la trasmissione la fede è sottratta all'uso individualistico per trasformarsi in esperienza comune, partecipata, ecclesiale, comunitaria: la trasmissione vuole strappare la fede al momentaneo, all'episodico, per conferirle durata, continuità, comunità.

Di fronte a questa crisi della trasmissione, oggi siamo spesso tentati dall'impazienza e dall'angoscia, che inducono a cercare frettolosamente "vie di salvezza", vie di uscita dalla crisi, ricorrendo a forme di comunicazione dominanti, cioè a quell'iper-comunicazione che maschera il fatto che oggi non si trasmette più. Si informa, si comunica, si moltiplicano le parole, si alzano i toni; così facendo, però, non si trasmette, perché la buona notizia, il Vangelo, è trasmissibile solo con la presenza di testimoni. Detto più semplicemente: di chi, al solo vederlo, presenta tratti evangelici nella sua persona, nel suo stare davanti a Dio e in mezzo agli uomini e alle donne del nostro tempo. Trasmettere la fede non significa fare proselitismo né aumentare il numero degli appartenenti alla comunità, e neppure agire con la sicurezza di un metodo che si vuole efficace quale antidoto alla paura di scomparire: queste pretese forme di trasmissione risultano irricevibili. Infine, il cristiano non può dimenticare che la trasmissione della fede gli richiede di apprestare tutto affinché essa possa avvenire senza ostacoli e di farlo con impegno e convinzione, sapendo però che il soggetto della trasmissione della fede è sempre lo Spirito santo, è la potenza del Vangelo di Gesù Cristo.

La Chiesa italiana in quest'ora è chiamata soprattutto a interrogarsi sulla trasmissione della fede, ritrovando l'essenzialità del messaggio cristiano, nell'umiltà di un ascolto dell'umanità di oggi e non più in una postura "magisteriale", perché nessuno può fare opera di trasmissione se non si pone lui stesso per primo in ascolto. Ritrovare l'essenziale della fede significa operare una semplificazione urgente dell'annuncio cristiano, concentrarsi sull'essenziale del Vangelo, dare l'assoluto primato all'amore salvifico di Dio manifestato in Gesù Cristo morto e risorto[3]. Si tratta di operare affinché avvenga l'incontro con il Cristo creduto e testimoniato dai Vangeli e dai suoi testimoni nella storia: non un Cristo proiezione dei desideri e dei progetti umani, ma colui

[3] Cf. Francesco, *Evangelii gaudium*, cit., 35-36.

che è l'esegesi del Padre (cf. Gv 1,18). L'operazione è faticosa e richiede un'*ablatio*, un «togliere via» tante immagini ed espressioni che impediscono all'uomo e alla donna di oggi di riconoscere l'amore che vince la morte. Ciò consentirà di accedere a quella fede in Gesù Cristo che ci può portare, nella forza dello Spirito santo che abita in ogni umano, a riconoscere Dio e a far parte della comunità, la Chiesa corpo di Cristo.

## 8

## CHIESA E LITURGIA

Stiamo di fatto vivendo e assistendo a una mutazione dell'essere cristiani, mutazione che dovrebbe inquietare molto quelli che "amano Gesù Cristo" e aderiscono al suo Vangelo. Tento quindi di individuare ciò che secondo me resta la causa dell'attuale crisi della vita cristiana e cerco di leggere anche le gravi conseguenze che ne derivano.

Mi riferisco alla marginalità assunta dalla liturgia all'interno della vita ecclesiale in questi ultimi anni. Non mancano certo comunità nelle quali la liturgia è vissuta intensamente, ma resta l'impressione che nella Chiesa italiana la liturgia si trovi oggi in un cono d'ombra rispetto a temi ecclesiali ritenuti centrali come la famiglia, i giovani, l'educazione, i poveri e, più in generale, i temi morali e sociali. Anche l'approvazione della nuova edizione del Messale (in realtà occorrerebbe parlare di una semplice revisione della traduzione dei testi) nel novembre 2018 da parte della Conferenza Episcopale Italiana, è avvenuta in un clima di un certo disinteresse e di una mancanza di attesa e di attenzione.

Cosa è successo? Perché questa stanchezza? Non è facile dare una risposta. Certamente dopo l'entusiasmo per la riforma liturgica voluta dal concilio Vaticano II si è registrata una "battaglia liturgica" che non ha giovato, ma anzi ha stancato i credenti; occorre però anche dire che è subentrata una grande diffidenza verso ogni rinnovamento liturgico al punto da impedire ogni legittima e autentica creatività, richiesta dalla riforma stessa. La liturgia oggi, peraltro ridotta nella maggior parte delle chiese alla sola celebrazione eucaristica, appare una liturgia affaticata, "ingessata", poco curata, che di fatto non merita l'impegno e le energie dedicate ad altre attività diaconali essenziali ma generate e plasmate come evangeliche dalla liturgia stessa. I presbiteri non hanno molto tempo da dedicare alla liturgia e i fedeli non la sentono più essenziale, non la ritengono più la fonte del loro agire quotidiano nel mondo. Va detto con franchezza: la sterilità della comunità cristiana nel produrre e adottare musiche e canti degni della liturgia cristiana, gli abusi praticati per rendere la liturgia mondanamente attraente e spettacolare, la sciatteria che non conosce l'*ars celebrandi* e la necessaria bellezza dei riti, rendono a volte la liturgia non più Vangelo celebrato, ma un insieme di parole e gesti che non genera né fede, né speranza, né carità. E va riconosciuto: i tradizionalisti che denunciano, con asprezza e polemiche, introduzioni di stranezze nelle celebrazioni e nell'uso dello spazio liturgico, sovente lo fanno con ragione. Tuttavia i problemi riguardanti la disaffezione dei fedeli dalla liturgia sono gravi anche se nessuno osa porli e discuterli.

Perché non si ha il coraggio di dire che alcune formulazioni liturgiche risultano ostiche e ormai incapaci di narrare il Dio di Gesù Cristo, cosa che invece i fedeli riescono qualche volta a intravvedere nell'ascolto del Vangelo? E non è solo questione di linguaggio da adeguarsi e aggiornarsi, come nella traduzione del Padre nostro (con il «Non ci indurre in tentazione» modificato in «Non abbandonarci alla tentazione»), ma di orazioni e formule che oggi sono incapaci di far ardere il cuore di chi le ascolta o le ripete. Nella vita ecclesiale ormai si registrano scollamenti e anche vere e proprie contraddizioni tra il linguaggio teologico-pastorale della catechesi, della predicazione e dell'omelia, e il linguaggio liturgico di testi che rispecchiano antichi modi, perlopiù medioevali, di sentire e vivere la relazione con Dio nella fede e nella preghiera.

La celebrazione liturgica, se vuole essere fonte della vita ecclesiale, non può essere ridotta solo a un rito, a una "pratica" per essere e potersi dire cristiani. Ma cosa fare in modo che l'Eucaristia domenicale (quella quotidiana, nell'attuale situazione della vita urbana e dei piccoli centri, non è più facilmente praticabile) sia qualcosa di vitale, di veramente comunitario, in grado di consentire il riconoscimento reciproco e una vera fraternità per quanti vi partecipano celebrandola in quel luogo particolare? Ascolto, silenzio, parola, canto, meditazione sono essenziali alla liturgia cristiana, ma occorre che questa sia anche segno di fraternità, di gratuità, di condivisione, antidoto alla solitudine e all'isolamento dominanti nella nostra società.

Se dunque manca questa centralità del Vangelo celebrato, se manca la fonte, che cosa ne deriva? Almeno due conseguenze. La prima è che la liturgia è sempre più evasa dalla maggior parte dei cristiani, specie i più giovani, mentre "piccoli greggi" la vivranno in modo da sentirla solo come un patrimonio da conservare per la loro identità. Il bisogno post-moderno di conservare e commemorare spinge purtroppo a fare della liturgia del passato un “patrimonio immateriale” che va conservato anche se non è più portatore di pienezza di vita divina nell’oggi dei credenti. Così si formano piccoli ghetti religiosi e liturgici che si sentono custodi di un museo, non di una tradizione viva che, come una fonte, può dissetare gli uomini e le donne di oggi. Una liturgia che è valutata non tanto sulla sua capacità di far ardere il cuore, quanto sulla sua capacità di apparire solenne e religiosa, fornisce il senso di un’appartenenza sicura ma superficiale. No, se la liturgia non è Vangelo celebrato, l’esistenza cristiana è ridotta a una pratica rituale che spinge a vivere senza un vero e profondo riferimento alla liturgia stessa, senza la sorgente della comunione con il Signore.

Ma c’è anche un’altra conseguenza. Se la liturgia diventa periferica nella vita del cristiano, allora quale spiritualità si può vivere senza questa fonte? Al riguardo, è significativo constatare che oggi i cristiani disertano le assemblee liturgiche ma tentano di vivere sempre di più “la spiritualità”, fabbricandosi itinerari “fai da te”. Ci stiamo accorgendo della deriva della spiritualità dei cristiani? Non è più la spiritualità che si nutriva alle fonti delle sante Scritture, dei padri della Chiesa, o al tesoro della spiritualità della Chiesa indivisa, ma una spiritualità teista, con un riferimento al divino, non al Dio di Gesù Cristo. Una spiritualità concepita come etica "terapeutica", tesa soprattutto al benessere personale, allo stare bene con se stessi e con gli altri nel quotidiano. Si tratta di una spiritualità che afferma la gentilezza e l'armonia interiore, che dà conforto ma non sta più sotto il primato della grazia e della salvezza che solo Dio può dare. È una spiritualità in cui magari si ripetono le beatitudini proclamate da Gesù, declinandole però solo a istanza morale, non come Vangelo, buona notizia...

Il venir meno della qualità "fontale" della liturgia nella vita dei cristiani provocherà a mio avviso debolezza della fede per molti e fagociterà appartenenze culturali per altri. Crescerà il numero dei "cattolici del campanile", cattolici senza vera appartenenza alla Chiesa eucaristica, anestetizzati nei confronti del Vangelo, e sempre di più altri percorreranno sentieri di spiritualità che ispirano l'autosalvezza, senza il primato della grazia né la dimensione escatologica. Proprio all'interno di queste due possibili derive si potrebbero anche comprendere le denunce che papa Francesco ripete contro il pelagianesimo e lo gnosticismo, oggi riapparsi in nuove forme inedite, ma sempre ispirate dal rifiuto del primato del Vangelo e del mistero eucaristico, memoriale della vita, morte, resurrezione e venuta gloriosa di Cristo, il Signore. Perciò occorre più che mai una comunità cristiana che nella liturgia non permetta l'esilio del Vangelo dalla vita ecclesiale.

## 9

# LA FRATERNITÀ: SIGILLO DELLA «DIFFERENZA CRISTIANA»

Con sempre maggior frequenza si parla oggi di crisi della paternità e anche della maternità, ma ritengo che nel nostro occidente si debba cogliere, alla radice di tali fenomeni, una crisi della fraternità molto attestata. Possiamo constatarla nel nostro Paese dove, secondo autorevoli e puntuali letture sociologiche, sono cresciuti il rancore e la cattiveria e, attraverso la negazione di molti legami sociali, si nega la fraternità.

La fraternità come vincolo e bene essenziale alla convivenza e alla comunità, la fraternità come impegno universale è stata un'"invenzione" del cristianesimo, anche se il sentire comune la colloca all'interno della celebre triade coniata dalla rivoluzione francese: «liberté, égalité, fraternité». Lungo i secoli, per la libertà e l'uguaglianza si è combattuto; la fraternità, invece, non ha ricevuto l'attenzione che sarebbe stata necessaria affinché libertà e uguaglianza fossero affermate con un fondamento. Esiste un diritto alla libertà e un diritto all'uguaglianza, due concetti che possono essere specificati: libertà di espressione, di movimento, uguaglianza di genere, ecc. La fraternità, invece, non ha genitivo e non può riguardare un individuo ma solo la *communitas*: non c'è fraternità del singolo! Per vivere la fraternità occorre sempre che ci sia l'altro e che sia affermata la relazione, la quale resta la nostra prima vocazione.

Si legge nel primo articolo della Dichiarazione universale dei diritti umani (adottata dall'Assemblea Generale dell'ONU il 10 dicembre 1948): «Tutti gli esseri umani nascono liberi e uguali in dignità e diritti. Essi sono dotati di ragione e di coscienza e devono agire gli uni verso gli altri in spirito di fraternità». Dunque la fraternità è un imperativo avvertito dalla coscienza umana come decisivo. D'altra parte, se ci riflettiamo attentamente, la fraternità-sororità non è una situazione naturale, ma un compito che sta sempre davanti a noi. Va costruita umanamente giorno dopo giorno perché non è spontanea, sebbene sia inscritta nelle generazioni attraverso la nascita di fratelli o sorelle. Se infatti la libertà può essere istituita e l'uguaglianza imposta, la fraternità non si stabilisce con una legge, viene da un'esperienza personale di solidarietà e di responsabilità. La fraternità può nascere solo da una decisione personale, sgorga dalla responsabilità del rapporto io tu, va esercitata e rinnovata perché da essa dipende la vita di ogni essere umano.

Sull'urgenza della fraternità è tornato a più riprese anche papa Francesco[4]. Senza moltiplicare i testi e i riferimenti ai gesti da lui compiuti – si pensi in particolare all'importante documento «Sulla fratellanza umana per la pace mondiale e la convivenza comune» firmato il 4 febbraio 2019 ad Abu Dhabi insieme al Grande Imam di Al-Azhar –, ricordo solo quanto scriveva il 6 gennaio 2019 in una lettera alla Pontificia accademia per la vita:

> È tempo di rilanciare una nuova visione per un umanesimo fraterno e solidale dei singoli e dei popoli. Dobbiamo rimettere in primo piano la fraternità universale, seminata dal Vangelo del regno di Dio. Dobbiamo riconoscere che la fraternità rimane la promessa mancata della modernità. Il respiro universale della fraternità che cresce nel reciproco affidamento – all'interno della cittadinanza moderna, come

[4] Il suo pensiero al riguardo è confluito nell'Enciclica *Fratelli tutti* (3 ottobre 2020).

fra i popoli e le nazioni – appare molto indebolito. La forza della fraternità è la nuova frontiera del cristianesimo.

Ebbene, di fronte alle patologie che ammorbano la nostra convivenza fino a minacciare la vita democratica, di fronte alle paure che sono una minaccia rinfocolata da poteri e interessi politici, di fronte al rancore che rischia di esplodere in violenza, ma anche di fronte alla globalizzazione dell'indifferenza di molti, occorre ripensare la fraternità. Fraternità come *fondamento e ragione* per una necessaria fiducia nella convivenza; fraternità come *solidarietà* tra membri di una convivenza in vista del bene comune; fraternità come *incessante ricostruzione* di ponti, di riconciliazioni religiose, culturali ed etniche. Ci si guardi però dal trasformare la fraternità in una parola d'ordine, nel motto del momento; si tratta invece di percepirla come la sfida, l'urgenza che determinerà anche il futuro della vita ecclesiale e del suo collocarsi nella compagnia degli uomini.

Tale cammino si fonda sulla consapevolezza che la Chiesa è chiamata a essere "fraternità" non perché questa sia una sua immagine metaforica, ma perché è il suo nome proprio, la sua essenza: la Chiesa, o è una fraternità oppure non è Chiesa di Cristo! Non potendo approfondire la questione come meriterebbe, mi limito a ricordare alcuni dati essenziali. Innanzitutto, Gesù ci ha dato l'esempio esistenziale di come vivere la fraternità. Egli non ha parlato molto di fraternità ma si è fatto concretamente fratello di quanti incontrava, abbattendo le barriere di divisione e distruggendo i muri di separazione costruiti dagli uomini e spesso da loro attribuiti alla volontà di Dio (cf. Ef 2,14). I suoi incontri con gli stranieri come il centurione (cf. Mt 8,5-13; Lc 7,1-10) e la donna siro-fenicia (cf. Mc 7,24-30; Mt 15,21-28); con i ricchi peccatori come Zaccheo (cf. Lc 19,1-10) e Levi (cf. Mc 2,13-14 e par.); con gli uomini giusti come Natanaele (cf. Gv 1,45-51); con le prostitute e i peccatori pubblici presso i quali alloggiava e con i quali condivideva la tavola (cf. Mc 2,15-17 e par.; Mt 21,31; Lc 7,34.36-50; 15,1)..., mostrano la sua volontà di essere fratello universale di tutti, giusti e ingiusti, credenti in Dio o pagani.

In questo senso, vi è qualcosa di straordinario nell'annuncio del giudizio finale fatto da Gesù nel vangelo secondo Matteo (cf. Mt 25,31-46), che dovremmo meditare con più attenzione. Gesù definisce gli umani che si trovano nel bisogno e nella sofferenza «i miei fratelli, i minimi, i più piccoli», e rivela che ogni atto di relazione con ciascuno di essi decide del rapporto con lui nel Regno: «Tutto quello che avete fatto a uno di questi miei fratelli, i più piccoli, l'avete fatto a me» (Mt 25,40). Quei fratelli di Gesù non sono i credenti, i cristiani, ma sono le vittime nella storia, i bisognosi che ogni terra e ogni tempo conosce come gli ultimi! È in primo luogo a loro che si riferisce uno splendido detto di Gesù non riportato dai vangeli canonici: «Hai visto il tuo fratello? Hai visto il tuo Dio»[5].

Quanto all'insegnamento di Gesù sulla fraternità, nel vangelo secondo Matteo c'è un insieme di suoi detti che si rivela decisivo al riguardo: «Voi non fatevi chiamare "rabbi", perché uno solo è il vostro Maestro e voi siete tutti fratelli. E non chiamate "padre" nessuno di voi sulla terra, perché uno solo è il Padre vostro, quello che è nei cieli. E non fatevi chiamare "guide", perché uno solo è la vostra Guida, il Cristo» (Mt 23,8-10). Fondamento della fraternità è dunque Dio, il Padre di tutti, e affinché questa verità sia affermata in modo assoluto, nessuno chiami «padre» un altro sulla terra ma, invocando Dio quale Padre unico, tutti si sentano figli e figlie e, di conseguenza, fratelli e sorelle tra loro. Tale fraternità è rafforzata dall'avere come unico Maestro il Cristo, quali con-discepoli alla sua sequela.

Tra con-discepoli non vi è possibilità di un legame

[5] Clemente di Alessandria, *Stromati* I,19,94,5; II,15,70,5; cf. anche Tertulliano, *La preghiera* 26,1.

diverso dalla fraternità: «Voi siete tutti fratelli»! Lo siamo – ci dice Gesù – prima di volerlo diventare e prima di comprendere questa verità che possiamo smentire e sfigurare. Se Caino era fratello di Abele in una fraternità biologica (cf. Gen 4), in Cristo siamo fratelli tra di noi e figli dell'unico Padre, in una fraternità molto più radicale, generata dallo Spirito di Cristo che ci è stato dato, il quale ci permette di invocare Dio quale «Abba, Padre» e ci fa sentire la comunione delle nostre vite con la vita stessa di Cristo (cf. Rm 8,14-17). Gesù Cristo «non è arrossito nel chiamarci fratelli» (Eb 2,11), ma ha voluto essere fratello tra di noi, ha voluto essere chiamato «il primogenito tra molti fratelli» (Rm 8,29; cf. Col 1,18).

Questa è la fraternità vissuta da Gesù e da lui richiesta ai suoi discepoli. Qui si innesta una riflessione, radicata nel Nuovo Testamento, sulla comunità cristiana quale fraternità. Proprio nella Prima lettera di Pietro, testo in cui la Chiesa è letta come «edificio spirituale, gente santa, sacerdozio regale e popolo di Dio» (cf. 1Pt 2,4.9), essa è anche chiamata *adelphótes*, termine in precedenza assente nella lingua greca, che vuole designare una realtà, non una virtù indicata come «amore fraterno» (*philadelphía*). Pietro, l'apostolo sul quale Gesù ha edificato la sua Chiesa (*ekklesía*:

Mt 16,18), non definisce la Chiesa stessa con questo termine, ma ricorre a «fraternità». Egli invita ad amare la fraternità, cioè la comunità ecclesiale: «Onorate tutti, amate la fraternità, adorate Dio» (1Pt 2,17). «Fraternità» non è dunque un'immagine, una virtù, ma designa la realtà stessa della Chiesa generata da Gesù Cristo, presente nel mondo come Chiesa locale e Chiesa cattolica (cf. 1Pt 5,9): la Chiesa è una fraternità in cui si vive l'amore fraterno[6]. Proprio nel senso della fraternità e della sororità vissute, la Chiesa può dirsi la nuova famiglia di Gesù, comunità il cui legame è dato dal fare la volontà del Padre che è nei cieli. Una fraternità e una sororità che può conoscere addirittura il misconoscimento della fraternità e della sororità carnali, proprio a causa dell'appartenenza a Cristo (cf. Mt 10,34-36; Lc 12,51-53). Questo legame era talmente sentito che nella Chiesa nascente i discepoli si chiamavano tra di loro fratelli e sorelle (cf. At 1,15-16; 15,23; ecc.) e sentivano come comandamento primo quello dell'amore reciproco. Amare i fratelli, amarsi gli uni gli altri, amare la fraternità, amare i figli di Dio, amare i santi: erano e dovrebbero sempre essere tutte

[6] Anche Clemente di Roma alla fine del I secolo scrive nella sua Lettera ai Corinti: «Voi siete in lotta giorno e notte a favore di tutta la fraternità» (2,4), cioè della Chiesa che è fraternità.

espressioni che richiamano alla fraternità d'amore da viversi nella comunità cristiana...

Purtroppo la comprensione della Chiesa come «fraternità» è andata perdendosi dopo il IV secolo. Oggi però si sente più che mai l'urgenza di ritrovare un'ecclesiologia della fraternità, la quale indichi innanzitutto che la Chiesa è un popolo di fratelli e sorelle di Gesù Cristo, perciò tutti figli e figlie di Dio. Al riguardo, bisogna porsi alcune domande molto concrete: la Chiesa di Dio sparsa nel mondo ha ancora i tratti di una fraternità, cioè di uno spazio in cui siamo tutti fratelli e sorelle, ognuno diverso dall'altro ma tutti uguali in dignità, uguali in forza della vocazione e del battesimo, uguali perché condividiamo ciò che abbiamo, fino a essere una comunione di fratelli e sorelle? La Chiesa di Dio è una fraternità in cui tutti sono riconosciuti senza che si alzino muri o barriere per etnia, cultura, condizione economica?

In questo senso, si deve salutare con gioia il riemergere di questo tema nell'*Evangelii gaudium*, testo in cui sono numerose le indicazioni riguardo all'urgenza di una Chiesa fraterna. Francesco parla di «Vangelo della fraternità»[7], chiede che non ci si lasci rubare l'ideale

[7] Francesco, *Evangelii gaudium*, cit., 179.

dell'amore fraterno[8], vuole che tutti i cristiani non perdano il fascino della fraternità[9] e sentano come attraente la comunione fraterna[10]. Il Papa evoca addirittura l'immagine di una Chiesa come «carovana solidale, in un santo pellegrinaggio»[11] dove tutti insieme si cammina per le strade del mondo, condividendo le fatiche e le gioie del duro mestiere del vivere. Una Chiesa come quella intravista da Francesco sarà dunque sinodale, capace di fare cammino insieme (*sýn-odós*): insieme, dal Papa, ai vescovi, ai presbiteri, fino all'ultimo fedele. È infatti nell'amore fraterno che si può cogliere il sigillo della «differenza cristiana», quella capacità di fraternità e di comunione che portava i pagani a esclamare con stupore, di fronte ai primi cristiani: «Guarda quanto si amano vicendevolmente!»[12], e il Papa vuole che lo si dica anche oggi, vuole che lo dicano i non cristiani guardando a una Chiesa fraterna.

Sia però chiaro: questa fraternità cristiana non è rinchiusa entro le mura di una cittadella, non può essere solo una relazione tra cristiani. Già Tertulliano confessava: «Noi cristiani siamo fratelli di tutti gli esseri

[8] Cf. *ibid.* 101.
[9] Cf. *ibid.* 179.
[10] Cf. *ibid.* 99.
[11] *Ibid.* 87.
[12] Tertulliano, *Apologetico* 39,7.

umani, secondo il diritto della natura che è nostra unica madre». La prassi di Cristo e della Chiesa delle origini deve aiutarci a riscoprire che la fraternità è un legame già dato all'origine di tutta l'umanità e, in quanto tale, va costantemente riconosciuto e assunto come prima responsabilità verso l'altro. La fraternità non va mai rinchiusa entro logiche di appartenenza religiosa. Nel 1965 la *Gaudium et spes* affermava che la Chiesa «si rivolge non più soltanto a coloro che invocano il nome di Cristo, ma a tutti gli uomini indistintamente ... per offrire all'umanità la cooperazione sincera della Chiesa, al fine di conseguire la fraternità universale»[13]. Ne siamo ancora convinti? E la Chiesa che è in Italia non sente come prima urgenza oggi di riscoprire il Vangelo della fraternità, contraddetta anche da molti che si dicono cristiani cattolici in forma di rifiuto, disprezzo, non accoglienza proprio di chi è innanzitutto fratello e sorella in umanità?

La fraternità-sororità è un compito che sta sempre davanti a noi. Essa va costruita giorno dopo giorno perché non è spontanea, anche se è inscritta nelle generazioni umane. Quando è realmente vissuta, la fraternità chiede che regni l'uguaglianza tra coloro che si dicono

[13] *Gaudium et spes*, cit., 2.3.

fratelli e sorelle; chiede che la dignità sia discernibile in ogni uomo perché uomo, in ogni donna perché donna; chiede che sia riconosciuta quella libertà che non offende gli altri; chiede che ognuno si prenda cura dell'altro e viva con lui il legame fraterno, cioè «ami l'altro come se stesso» (cf. Lv 19,18; Mc 12,31 e par.). Infine, l'orizzonte della fraternità è sempre aperto al futuro: ogni essere umano prima o poi se ne va, ma dopo di lui restano i figli, resta la comunità costituita dalle nuove generazioni. Ecco perché pensare e costruire relazioni di fraternità significa lavorare per la qualità della vita di chi verrà dopo di noi. E chi comprende il suo essere debitore verso quanti lo hanno preceduto, sente a sua volta di avere una responsabilità nei confronti degli altri e del futuro collettivo dell'umanità intera. Questa è una via attraverso cui è possibile scoprire e assumere l'etica, che è sempre un costruire insieme la *fraternitas*, in modo da vivere con gli altri nel rispetto, nella giustizia, nella collaborazione, nella solidarietà; in modo da godere insieme della pace e della vita piena, fino a poter sperare insieme.

10

# LOTTA CONTRO LA MONDANITÀ

San Basilio, il grande padre della Chiesa del IV secolo, a me da sempre molto caro, poco prima di morire scrisse *Il giudizio di Dio*[14], un testo breve ma munito di grande autorevolezza, un testo pieno di parresia, con il quale denunciava la situazione patologica che le Chiese stavano attraversando. Basilio osservava il disaccordo tra i vescovi delle Chiese, partecipava al turbamento sofferto dal gregge di Dio, constatava la stanchezza e la tiepidezza di molti cristiani, e soprattutto si interrogava sul motivo di tante divisioni, discordie e accuse reciproche tra le Chiese di Dio.

Confesso che questo testo del sapiente padre della Chiesa è sempre stato da me meditato, ma in questi ultimi anni quasi mi attrae e mi costringe a una sua

[14] In *Patrologia Graeca* (Migne) 31, 653-576.

rilettura, per trovare nella grande tradizione sentimenti simili a quelli che provo di fronte alla Chiesa di oggi. Sì, occorre dirlo e denunciarlo senza paure: viviamo una situazione ecclesiale caratterizzata da «giorni cattivi» (Ef 5,16). Oggi non si vive bene nella Chiesa e – anche se l'aria che respiriamo non è più quella denunciata qualche anno fa da un teologo e da uno storico in un libro intitolato *Manca il respiro*[15] – si respira un'aria avvelenata. Molti, tra quelli che sono più coscienti della vita ecclesiale, si dichiarano stanchi, addirittura depressi, oltre che delusi per aver nutrito speranze che appaiono ora soltanto illusioni... Parole come stanchezza, depressione, scoraggiamento, sembrano non essere più rifiutate nello spazio ecclesiale. Ma cerchiamo di delineare con più precisione e chiarezza alcune di queste patologie.

Secondo il mio povero ma attento discernimento ciò che ammorba la vita ecclesiale è in primo luogo la mondanità che l'ha invasa. Sempre più sento dire: «Siamo come gli altri fuori, nel mondo... La Chiesa non è diversa dal mondo in cui vive...». È venuta meno, non in tutti ma certamente nella gente cattolica, la «differenza cristiana», quella possibilità di essere diversi,

[15] Cf. S. Xeres - G. Campanini, *Manca il respiro. Un prete e un laico riflettono sulla Chiesa italiana*, Àncora, Milano 2011.

di non fare «come fan tutti». Sembra che il Vangelo, posto nuovamente al centro della vita cristiana dal concilio e dal rinnovamento che ne è seguito, non abbia più il primato nell'ispirare pensieri, sentimenti e azioni. Sono apparsi in modo evidente quelli che sono solito chiamare i "cristiani del campanile", per i quali il cattolicesimo professato con maggiore o minore convinzione può anche essere in contraddizione con il Vangelo, ma resta coerente con l'identità culturale, la tradizione e l'ideologia dominante del mondo occidentale ricco e sazio.

Questa mondanità impedisce l'ascolto delle parole di Gesù, preferendo a esse i valori giudicati tradizionali. Proprio per questo, o non si ascoltano o addirittura si contestano in modo sguaiato gli interventi dei vescovi o dei presbiteri che ricordano alla comunità cristiana la presenza del povero, del migrante, degli "scarti" della società. E si faccia attenzione: non è la "religione cattolica" a essere contestata ma il Vangelo, al punto che si è sentita risuonare l'affermazione: «Siamo cattolici romani innanzitutto!». Nazioni celebrate per il loro cattolicesimo e per la loro fedeltà alla Chiesa, come la Polonia e l'Ungheria, o regioni italiane fino a ieri malate di clericalismo, ora affermano una civiltà cattolica che contraddice il Vangelo di Gesù Cristo. Così la comunità cristiana è divisa non tra credenti ortodossi e credenti eretici, ma tra porzioni che si oppongono, si detestano e si delegittimano.

Questi anni sono inoltre vissuti con sofferenza anche a causa degli scandali che ogni giorno emergono e sono denunciati ossessivamente dai media. La Chiesa ne esce umiliata e sta imparando ad assumere la responsabilità di delitti troppo a lungo non valutati nella loro gravità, trascurati e talvolta occultati. Ma se da un lato questo cammino doloroso significa purificazione e riparazione, per quanto possibile, del male inflitto, resta anche vero che ormai si è soffiato su un sentimento che potremmo chiamare "pretofobia". Vi è paura dei preti, diffidenza nei loro confronti e verso la loro funzione educativa, sospetto per quegli atteggiamenti che non vengono più letti come manifestazioni di affetto ma solo come soprusi. E va riconosciuto: oggi i preti non ne possono più! Sono continuamente fustigati e in ogni caso non difesi come la giustizia richiederebbe…

I delitti che emergono, soprattutto quelli di pedofilia, sono gravissimi, ma sono veramente pochi quanti si macchiano di tali crimini e non appare giusto che la maggioranza dei preti, che oggi vivono una vita senza potere, sovente povera e faticosa, sia travolta da atteggiamenti di diffidenza, nonostante una vita fatta di dedizione, servizio e scarsamente riconosciuta. Anche chi commette delitti deve conoscere la misericordia di Dio e, come molte volte ho scritto a partire dal 2009, non deve più risuonare nello spazio ecclesiale l'espressione «tolleranza zero». Sempre la Chiesa ha annoverato tra i suoi figli peccatori, anzi tutti i suoi figli e figlie restano peccatori: cambiano solo i loro peccati, ma tutti restano bisognosi dell'infinita misericordia di Dio. «Misericordia anche per i preti», mi piace riassumere così il titolo di un libro scritto da un mio amico vescovo emerito francese, Gérard Daucourt[16]: ce n'è veramente bisogno!

Infine, non si può ignorare una patologia che minaccia fortemente la Chiesa cattolica: quella riguardante papa Francesco, nei cui confronti si è ormai scatenata un'opposizione sconosciuta almeno nei confronti dei papi del secolo scorso. Francesco è delegittimato come Papa da una piccola porzione di tradizionalisti, ma il suo magistero è spesso attaccato, contestato, giudicato eretico da gruppi di cattolici ben organizzati e con grande esposizione mediatica. Costoro si spingono fino ai limiti di fomentare uno scisma e trovano le

[16] Cf. G. Daucourt, *La miséricorde pour tous... sauf pour les prêtres?*, Cerf, Paris 2015. Traduzione italiana: *Chi è senza peccato? Anche preti e vescovi hanno bisogno di misericordia*, San Paolo, Cinisello Balsamo 2017.

loro ragioni in quella dinamica del magistero papale che essi denunciano come rottura con la tradizione, demolizione dell'istituzione cattolica, mutamento della forma ecclesiale ricevuta dalla tradizione.

Questa opposizione a papa Francesco, che si è focalizzata sulla critica all'*Amoris laetitia*[17] e sulla disciplina riguardante l'indissolubilità del matrimonio e la vita ecclesiale dei coniugi divorziati, si scatena ogni volta che il Papa mostra o chiede atteggiamenti di misericordia e di "compagnia con i peccatori". Tutti sappiamo che in realtà papa Francesco è fedele alla tradizione, al punto da poter essere ascritto tra i conservatori in materia dottrinale, ma effettivamente con le sue parole e i suoi gesti mostra che l'intero suo ministero è volto non a ridare prestigio e grandiosità alla Chiesa ma a conferire l'egemonia e il primato al Vangelo nella vita ecclesiale. D'altronde, fin dall'inizio del suo pontificato l'aveva scritto: più nella Chiesa appariranno il primato del Vangelo e la volontà di conformità a Cristo da parte della sua sposa, più le potenze demoniache, messe al muro, si scateneranno, così che nella Chiesa la vita non sarà più pacifica, mondanamente bella,

[17] Cf. Francesco, Esortazione apostolica post-sinodale *Amoris laetitia* (9 marzo 2016).

ma maggiormente segnata dall'apparire del segno del Figlio dell'uomo, la croce.

Oggi dobbiamo essere consapevoli che la Chiesa ha iniziato un esodo del quale per ora non si intravede la terra di arrivo. Camminiamo in un faticoso e accidentato deserto, «camminiamo alla luce della fede e non della visione» (cf. 2Cor 5,7), camminiamo nella calma del giorno e nell'oscurità della notte. A volte ci pare di essere ormai una carovana che procede incerta, mentre molti di quanti la compongono la lasciano o addirittura la fuggono, come accadde per la comunità di Gesù nei giorni della sua uccisione ignominiosa. Che cosa ci resta da fare come assoluto necessario? Nel cuore di chi aderisce al Vangelo e tenta con molta fatica di restare discepolo di Gesù, c'è una sola risposta: celebrare e vivere l'Eucaristia. Al cuore della nostra crisi ecclesiale, l'atto che rifonda costantemente la Chiesa come comunità del Signore Gesù e che le dà vita, è l'Eucaristia: Gesù Cristo è con noi, noi entriamo in comunione con lui e viviamo della sua stessa vita, noi cadiamo e ci alziamo, cadiamo ancora e ci alziamo ancora. È il mistero della resurrezione!

# 11

# IL "CONO D'OMBRA" DELLA VITA RELIGIOSA

Il volto delle Chiese dell'occidente europeo e dell'America settentrionale e la loro presenza nella storia stanno vivendo una rapida mutazione. C'è un dato di cui tutti sembrano più o meno convinti: appare vistoso il passaggio da una Chiesa onnipresente nella società, capace di influenzarla, numericamente imponente, a una situazione di minoranza che, in alcune regioni, è ormai di vera e propria diaspora. Ma purtroppo le diverse letture ecclesiali o sociologiche di questo mutamento non prestano sufficiente attenzione alle sue ricadute sulla vita religiosa e monastica.

Eppure fino a pochi decenni fa la vita cattolica è stata caratterizzata da una presenza multiforme e capillare della vita religiosa. Si pensi solo alle "suore", queste religiose dedite alle diaconie più diverse: l'educazione dei bambini anche nei più piccoli paesi e villaggi, l'insegnamento nelle scuole "cattoliche", la presenza negli ospedali, l'attività di catechesi e di pastorale creativa, efficace, quotidiana… La mia generazione può testimoniare che la formazione cristiana, da bambini fino alla giovinezza, è stata assicurata dalle suore e che la vicinanza, la prossimità concreta della Chiesa alle famiglie e ai poveri è stata assicurata soprattutto dalle suore.

Ma ora a nessuno sfugge che assistiamo non più a una drastica diminuzione di questa vita religiosa, ma a un suo spegnimento[18]. Dagli anni del concilio, la diminuzione delle religiose in Europa oscilla tra il 50% e il 65%, le vocazioni sono rarissime o, per molti istituti, completamente assenti, così che l'età media delle religiose in Europa si avvicina ai settantacinque anni. La vita di molti istituti religiosi femminili si è fatta precaria e la chiusura di attività gestite dalle religiose e dei loro stessi luoghi di vita si farà sempre più frequente, dato l'insufficiente numero di suore. Anche per la vita monastica femminile la situazione non è molto diversa. In Italia i monasteri che non conoscono questa precarietà si contano sulle dita di una mano e solo due di loro mostrano in questi decenni

[18] Cf. A. Pardilla, *La realtà della vita religiosa. Analisi e bilancio di cinquant'anni (1965-2015) e prospettive*, Libreria Editrice Vaticana, 2016.

anche una costante vitalità, ma negli altri si fa sempre più esiguo il numero di monache presenti e sempre più marcato l'invecchiamento che rende problematico se non impossibile un dinamismo capace di attirare e accogliere nuove vocazioni.

Per quel che riguarda i religiosi, la situazione non è differente, come denunciano gli stessi superiori delle Congregazioni che continuano a chiudere case e attività pastorali. Anche la diminuzione dei loro effettivi dal concilio a oggi supera il 50%; inoltre l'esiguo numero di religiosi nelle singole case e il servizio pastorale richiesto – che invece non diminuisce in proporzione – sottraggono tempo ed energie per la stessa preghiera comune: sovente la comunità si riduce a una convivenza sotto lo stesso tetto, a una équipe di lavoro più o meno capace di percepirsi ed essere percepita come autentico soggetto di presenza religiosa e di pastorale.

Quanto poi ai monaci, le poche comunità rimaste faticano persino a eleggere un abate, mentre altre sono ridotte a un'esigua presenza di anziani che attraversano più o meno bene la loro vecchiaia. Padre Gianni Dal Piaz, con franchezza e competenza da sociologo ma anche con partecipazione di monaco attento alle dinamiche della vita religiosa, parla dell'attuale situazione come di un «lungo transito, un inarrestabile declino», di «un inverno» al di là del quale non si intravede alcuna primavera. In ogni caso, va detto con chiarezza, i religiosi sono in una situazione non di decadenza spirituale, bensì di povertà, una povertà economica e di persone, povertà umana che significa vita quotidiana più faticosa, debolezza e fragilità di tutto il corpo comunitario, difficoltà a intravedere un futuro ancora fecondo.

Sì, *parrhesía* evangelica vuole che la situazione sia presentata quale essa è: precarietà, diminuzione e prossima scomparsa di molte delle attuali forme di vita religiosa e monastica. E va riconosciuto anche che non si intravedono segni che, scomparse queste forme tradizionali di vita religiosa rinnovate dal concilio, vi sia posto per nuove forme e nuove comunità. Anzi, quelle che sono nate negli ultimi decenni non sono in espansione ma gemono, conoscendo a loro volta la precarietà, e comunque non paiono in grado di creare un cambiamento di tendenza.

Nel leggere e rileggere da anni questa situazione, l'aspetto che mi fa soffrire e mi inquieta maggiormente è l'afonia, il silenzio dei vescovi sull'argomento. È vero che la vita religiosa ha voluto per se stessa un regime di esenzione ma, in una Chiesa che oggi sente finalmente il vescovo come il compaginatore e il garante dei carismi e delle diaconie, com'è possibile questo disinteresse? Questa lenta scomparsa della vita religiosa sembra non preoccupare o, al più, essere letta come un destino inesorabile da accettare passivamente. Così la vita religiosa e la vita monastica sono entrate, a partire dagli anni '80 del secolo scorso, in un cono d'ombra: nessuno pone domande, nessuno pare prendere a cuore la questione, quasi che l'unica preoccupazione dei vescovi sia poter avere presbiteri. Ne consegue che la pastorale vocazionale, comunque sovente molto sterile, si interessa solo delle vocazioni presbiterali o, tutt'al più, di quelle forme di vita non religiosa che assicurano servizi diretti alla Chiesa locale.

Chi crede ancora concretamente che la vita religiosa è "memoria del Vangelo", memoria della "forma di vita" di Gesù nel celibato e nella comunità? Chi crede ancora che sia necessario che uomini e donne – senza dimenticare il comandamento nuovo dell'amore reciproco fattivo, concreto, quotidiano – possano vivere la parabola della comunità, dedicandosi soprattutto all'ascolto della Parola, alla vita fraterna e all'ospitalità aperta a tutti? È significativo che la scarsa e marginale attenzione attuale per la vita religiosa si focalizzi su Ordini e Congregazioni apostoliche: lì infatti prevalgono i presbiteri dedicati all'azione pastorale nella Chiesa locale e quindi potenziali succedanei dei presbiteri diocesani.

Chi dovrebbe vegliare sulle diverse vocazioni nella Chiesa non sembra invece dedicare alcuna attenzione alla vita religiosa, ancora meno a quella femminile; chi dovrebbe indicare la vita religiosa come via di conformità di tutta una vita a Gesù non adempie questo compito; chi dovrebbe chiederle di vivere in modo autentico la vocazione segnata da celibato e vita comune resta afono. Mi rincresce constatare l'assenza nella Chiesa cattolica di questa sollecitudine invece così presente nelle Chiese ortodosse. Là la vita monastica è indicata come necessaria alla Chiesa, luogo di "memoria evangelica" e, di conseguenza, viene stimolata e tenuta in considerazione non mondanamente ma evangelicamente.

Religiose, religiosi, monaci e monache sono oggi veramente delusi e io che li ascolto quotidianamente non posso tacere. La latitanza della Chiesa che, così facendo, renderà presto i religiosi una sua "parte mancante", è una grave responsabilità, perché una Chiesa cattolica senza di loro vedrà mutilata la sua testimonianza escatologica e la sua capacità di prossimità alla gente, quella delle periferie urbane, certo, ma anche quella dei piccoli paesi e dei villaggi dimenticati.

Vorrei porre anche un'altra domanda: in Italia le vocazioni presbiterali e religiose si sono rarefatte in modo evidente, e in certe regioni – come Piemonte, Liguria, Toscana... – ci si chiede soprattutto quale sarà la presenza di presbiteri tra dieci anni, mentre i religiosi stanno ormai scomparendo. In Puglia, invece, al seminario regionale di Molfetta sono presenti più di duecento studenti che si preparano al presbiterato. Come mai, nella stessa regione in cui gli aspiranti presbiteri sono numerosi, restano rarissime le vocazioni alla vita religiosa e soprattutto monastica? Quali le ragioni di questa "mancanza di attrattiva" della vita religiosa? Sono solo interne a essa – e al suo non apparire eloquente né significativa – o dipendono anche da come la Chiesa svolge la sua pastorale vocazionale, da come presenta le possibili vie alla santità, dalle indicazioni di urgenze che escludono altre forme di presenza e diaconia ecclesiale?

In ogni caso, anche nella crisi che attraversa la vita religiosa, i suoi membri continuano a sentirsi «sentinelle» poste sulle mura della Chiesa (cf. Is 62,6-7) che giorno e notte non devono tacere per ricordare al Signore le sue promesse, per ricordare con affetto ai fratelli e alle sorelle nella fede che il Signore viene presto e che è possibile attenderlo senza raffreddare la carità (cf. Mt 24,12), l'unica realtà-segno da cui sono riconosciuti discepoli di Gesù. Se i religiosi vivono il «nulla preferire a Cristo»[19], allora vivono ciò che il Signore ha chiesto loro come missione, anche nel cono d'ombra in cui oggi dimorano.

[19] Cf. *Regola di Benedetto* 72,11.

12

# LA CHIESA E I GIOVANI

Era l'8 dicembre 1965, giorno di chiusura del concilio Vaticano II: alla radio sentii leggere i messaggi dei padri conciliari all'umanità e fui colpito da quello rivolto ai giovani. Lo sentii indirizzato anche a me, che avevo ventidue anni e vivevo quei giorni con speranza ed entusiasmo per il futuro della Chiesa. Quel messaggio pieno di fiducia metteva in risalto come la giovinezza abbia «la capacità di rallegrarsi per ciò che comincia, di donarsi gratuitamente, di rinnovarsi e di ripartire per nuove conquiste». Non solo la forza e la bellezza dei giovani era riconosciuta dalla Chiesa, ma in quelle pagine viene letta come un atteggiamento che la Chiesa stessa assume nel suo stare nella storia e tra gli uomini e le donne del nostro tempo.

Quel messaggio ha conosciuto ricezione? Credo sia necessario distinguere due tempi successivi di ricezione e due categorie di destinatari. Innanzitutto coloro che erano giovani nella stagione del concilio, cioè i destinatari immediati di quel messaggio. Mi pare – anche se questa impressione può essere viziata dal fatto di essere io stesso uno di loro – che molti dei cattolici di quella generazione abbiano effettivamente recepito il mandato affidato loro dai padri conciliari, si siano sentiti investiti di una responsabilità e abbiano anche colto le proprie potenzialità legate alla giovane età e alla conseguente possibilità di mutare rotta, di operare un "aggiornamento" e una conversione, di ri-formare la propria struttura di discepoli del Signore.

Ma poi c'è la ricezione del messaggio conciliare nello scorrere degli anni e nel mutare delle stagioni. E lì noi giovani di allora forse portiamo la responsabilità principale riguardo alla qualità e all'efficacia della trasmissione di quel messaggio di speranza. Dobbiamo ammettere che, a oltre cinquant'anni di distanza, la vita della Chiesa registra un certo fallimento al riguardo, e in ogni caso grandi difficoltà nel suo essere anche vita di giovani credenti. Nei decenni passati c'è stata un'attenzione alla cosiddetta pastorale giovanile mai così accentuata nella storia, ma purtroppo questa fatica non è stata sufficiente, anche perché si è continuato a pensare a un rapporto esteriore tra la Chiesa da un lato e i giovani dall'altro. Non basta ascoltare i giovani, non basta guardare a loro definendoli «il futuro della Chiesa» o «le sentinelle dell'avvenire», ma occorre considerarli e sentirli non come una categoria teologica o come un'entità esterna cui la Chiesa si rivolge, bensì come una componente della Chiesa di oggi, attori e protagonisti già ora, occorre pensarli nel "noi" della Chiesa. Perciò occorre stare attenti quando nel linguaggio comune ci si esprime con le locuzioni «la Chiesa e i giovani», «la Chiesa parla ai giovani»; se mai, i giovani sono un pezzo di «Chiesa che manca»[20].

Il documento preparatorio per il Sinodo dei vescovi dell'ottobre 2019 su «I giovani, la fede e il discernimento vocazionale» chiama i giovani a «essere protagonisti» (III,1) e «capaci di creare nuove opportunità» (I,3), indicando così a tutta la Chiesa vie di evangelizzazione e stili di vita nuovi. Solo un ascolto reciproco, un confronto, un dialogo tra tutte le componenti del popolo di Dio di qualunque età possono innescare un processo di "inclusività" delle nuove generazioni nella Chiesa. Questa la sfida del Sinodo, non a caso preparato, per volontà di papa

[20] A. Matteo, *La Chiesa che manca. I giovani, le donne e i laici nell'*Evangelii gaudium, San Paolo, Cinisello Balsamo 2018.

Francesco, da incontri di giovani messi in condizione di prendere la parola e di sentirsi partecipi di quella "conversione" che Francesco chiede a tutta la Chiesa. Questo ascoltarli oggi nel loro presente è la condizione indispensabile per passare da una pastorale "per i giovani" a una pastorale "con i giovani".

Come ama ripetere il Papa, si tratta di «iniziare dei processi», non di fare conquiste, né di «far ritornare» i giovani alla Chiesa, o di misurare la riuscita sul numero delle risposte ottenute. È tramontato il tempo degli sforzi per chiamare a raduno i giovani e aspettare che siano loro a venire: occorre uscire, andare dove loro sono, dove abitano, combattendo ogni tentazione di avvicinamento unilaterale e massificato: i giovani hanno sete di incontri personali, di dialoghi faccia a faccia, soprattutto nel nostro contesto sociale dominato dal virtuale, e domandano silenziosamente, senza riuscire a esprimersi in modo compiuto, di essere "riconosciuti", ciascuno nella propria individualità, ciascuno lungo il proprio cammino di ricerca di senso e di pienezza di vita. L'incontro personale è oggi decisivo per l'avventura dei giovani, i quali sentono lontani genitori, insegnanti, educatori, magari pronti ad accettare la loro situazione ma non altrettanto a impegnarsi in un cammino condiviso con loro.

Tutti constatiamo una difficoltà nell'incontro umano con l'altro, ma i giovani, più di altri, ne sentono urgentemente il bisogno, anche per non essere tentati dalla fuga da se stessi. Il «complesso di Telemaco», individuato da Massimo Recalcati come chiave di interpretazione della condizione giovanile[21], dovrebbe essere un monito sulla necessità di accompagnare i giovani non in modo paternalistico ma camminando con loro, con la sapienza della vita già vissuta, senza imporre, ma semplicemente proponendo, grazie al discernimento che nasce dall'ascolto nei loro confronti. Ecco perché in questa forma di pastorale, oltre alla cultura dell'incontro deve emergere anche quella della gratuità. Ricordando che «la Chiesa non cresce per proselitismo ma per attrazione»[22], occorre vivere ogni atteggiamento di evangelizzazione sotto il segno della gratuità, senza l'ansia di risultati misurabili in termini di aumento del numero dei giovani coinvolti, delle vocazioni suscitate o dei servizi assunti.

L'incontro che si deve favorire è quello umanissimo nel quale sia gratuitamente possibile entrare in relazione con Gesù attraverso la fede e la testimonianza

[21] Cf. M. Recalcati, *Il complesso di Telemaco. Genitori e figli dopo il tramonto del padre*, Feltrinelli, Milano 2014.
[22] *Evangelii gaudium*, cit., 14.

dell'evangelizzatore. Non dunque l'incontro con una dottrina, tanto meno con una grande idea o con una morale, ma con una realtà viva che intrighi, sia portatrice di senso e promessa di vita piena. La gratuità è uno dei valori più sentiti e vissuti dai giovani: se questa non appare, allora i giovani diffidano e diventa più arduo aprire un cammino per loro significativo. Incontro, gratuità, camminare insieme restano urgenze assolute in un nuovo paradigma di evangelizzazione nella società odierna, in special modo riguardo ai giovani.

Ma cosa cercano i giovani? Pur in una situazione di incertezza, a livello economico, sociale, culturale familiare, i giovani cercano una vita sensata, che io amo definire una vita buona, bella e beata. Questa ricerca, sovente confusa, a volte appare paralizzata da paure e inibizioni, ma è presente nel cuore dei giovani. È vero che la maggior parte dei giovani non vive il bisogno di Dio e dunque la sua ricerca (l'istanza del *quaerere Deum* tanto cara alla mia generazione!), ma nel loro perseguire una vita sensata, un'esistenza degna e compiuta, una qualità della relazione e della convivenza, sono insite molte possibilità di scoprire come la fede cristiana, la persona di Gesù e il suo Vangelo siano non in contraddizione con tale desiderio bensì un aiuto e una promessa di pienezza.

La mia esperienza di ascolto, incontro e cammino con tanti giovani – diversissimi per cultura e atteggiamenti verso l'interiorità, la spiritualità, la religione e la Chiesa – mi convince sempre di più che quando approdano a conoscere la vita di Gesù ne restano affascinati e toccati. La vita di Gesù come vita buona, nella quale egli «ha fatto il bene» (cf. At 10,38), cioè ha scelto l'amore, la vicinanza, la relazione mai escludente, la cura dell'altro e soprattutto dei bisognosi, è vita non solo esemplare ma capace di affascinare e di rivelare la possibilità di una "bontà" che si vorrebbe ispiratrice per la propria vita. Ma vi è anche un'attrazione nei confronti della vita bella vissuta da Gesù: il suo non essere mai isolato, il suo vivere in una comunità, in una rete di affetti, il suo vivere l'amicizia, il suo rapporto con la natura... restano molto eloquenti. Infine vi è grande interesse per la sua vita beata, non nel senso di una vita esente da fatiche, crisi e contraddizioni, ma beata in quanto Gesù aveva una ragione per cui valeva la pena spendere la vita e dare la vita, fino alla morte: questa la sua gioia, la sua beatitudine. Il cardinale Lorenzo Baldisseri, nel presentare il documento preparatorio del Sinodo, ha messo in evidenza con forza e convinzione che la vocazione va intesa in senso ampio, quale chiamata alla vita e alla sua realizzazione in pienezza. Di tutto questo gli evangelizzatori devono essere innanzitutto convinti in prima persona: allora sapranno narrarlo con la loro vita, nell'incontro e nella gratuità, camminando insieme ai giovani.

# III

# CAMMINARE INSIEME: LA SINODALITÀ

## 13

## IL DISCERNIMENTO ECCLESIALE

È molto significativo che, nel racconto lucano degli Atti degli apostoli riguardante la nascita, la crescita e la diffusione della Chiesa, siano presenti alcune precise testimonianze riguardo all'esercizio del discernimento ecclesiale. Sono annotazioni certamente brevi eppure molto eloquenti, perché paradigmatiche del cammino percorso nella storia dalle comunità cristiane.

Iniziamo a evidenziarle a partire dal racconto della prima adunanza dopo la morte, resurrezione e ascensione al cielo di Gesù (cf. At 1,12-26). Nella «camera alta» dove il gruppo dei discepoli e delle discepole dimorava a Gerusalemme, Pietro, che appare come il primo nella comunità in nome della missione affidatagli da Gesù durante l'ultima cena (cf. Lc 22,32), prende la parola in mezzo ai seguaci (circa centoventi persone) per enunciare un'urgenza, un bisogno nella comunità:

ricostituire il numero degli apostoli, dodici come le tribù di Israele, dopo che era venuto meno Giuda, il traditore. Citando le sante Scritture da lui scrutate con assiduità, Pietro attesta che quell'incarico, quella porzione assegnata da Gesù stesso a Giuda deve essere assunta da uno dei discepoli, di cui abbozza il ritratto: uno scelto tra i compagni di Gesù, chiamato da Gesù, istruito da lui, testimone della sua missione fin dall'inizio – il battesimo conferito da Giovanni –, testimone della sua resurrezione. Queste le qualità richieste per accedere all'apostolato, in base alle quali emergono e sono riconosciute due figure: Giuseppe Barsabba e Mattia. A questo punto l'assemblea prega e vengono gettate le sorti per lasciare l'ultima parola a Dio: la sorte cade su Mattia, il quale viene annoverato nel gruppo dei dodici apostoli.

Siamo di fronte a un *discernimento comunitario*, operazione guidata da Pietro, che culmina in un'elezione, ma lascia poi al Signore l'ultima parola: i membri della comunità deliberano, ma alla fine rimettono la scelta a Dio. Così i Dodici, insieme a Maria, la madre di Gesù, alle discepole e agli altri seguaci riuniti «in uno stesso luogo» (*epì tò autó*: At 2,1), ricevono lo Spirito santo promesso da Gesù. È Pentecoste, evento che secondo Luca coincide con la fondazione della Chiesa.

Ben presto altre scelte s'impongono alla Chiesa di Gerusalemme. Quando essa cresce e appare contrassegnata da un insegnamento apostolico, dalla comunione (*koinonía*), dalla frazione del pane e dall'assiduità alla preghiera (cf. At 2,42), sorgono anche ostilità da parte delle autorità giudaiche insieme a conflitti interni, a cominciare dal tema della giusta condivisione dei beni. C'è chi non condivide i beni con trasparenza e spirito di comunione, c'è chi entra in una logica che privilegia alcuni e trascura altri. Ecco dunque la crisi e il conflitto, che trova come causa scatenante la presenza di povere vedove provenienti dal paganesimo, dimenticate dai cristiani di origine giudaica.

Cosa fare per sconfiggere il malcontento e arrestare la divisione? I Dodici, garanti dell'unità della Chiesa, convocano l'assemblea e pensano di creare un nuovo ministero. Propongono che sette fratelli scelti dalla comunità siano deputati al servizio della distribuzione dei beni, in modo che i Dodici stessi possano dedicarsi alla preghiera e all'evangelizzazione. Così avviene: i sette fratelli (mai è detto che sono diaconi!), a motivo della buona reputazione riconosciuta dagli altri, pieni di Spirito santo e di sapienza, sono presentati ai Dodici, che confermano la scelta e, mediante l'imposizione delle mani, affidano loro quella missione (cf. At 6,1-6).

Questi sette saranno poi evangelizzatori efficaci, ben più che semplicemente dediti al servizio delle tavole, e tra loro vanno annoverati Stefano e Filippo. Dovremmo stupirci di questa libertà della Chiesa nascente: al bisogno che si manifesta nella comunità, sa rispondere con coraggio, audacia, creando un ministero senza sentirsi prigioniera del passato o di istituzioni provenienti da una lunga tradizione.

In seguito Luca segnala la necessità di un ulteriore discernimento e illustra un cammino sinodale vissuto nella Chiesa apostolica: si pone infatti il complesso problema dell'accoglienza all'interno della Chiesa, comunità essenzialmente giudaica, anche dei non ebrei, dei pagani che si convertono al Vangelo di Gesù. È una scelta decisiva per il futuro della Chiesa e per il pieno compimento del disegno di Dio, ma indubbiamente il passo da compiere è arduo, difficile: per la comunità giudaica si trattava di una novità "scandalosa". Pietro, ammonito da una visione, si reca nella casa di un pagano, il centurione Cornelio che risiede a Cesarea. Pur tra molte perplessità, per rivelazione di Dio giunge a comprendere che «Dio non fa preferenza di persone» (At 10,34) e accoglie anche i pagani nella comunione instaurata da Cristo. Ma, mentre egli sta operando il suo discernimento e sta annunciando il Vangelo, ecco che lo Spirito santo scende anche su quei pagani e precede Pietro e il suo conferimento del battesimo (cf. At 10,1-48).

A questo discernimento lento e personale operato da Pietro va accostato il discernimento comunitario, sinodale, compiuto a Gerusalemme dagli apostoli stessi (cf. At 15,1-35), in risposta al conflitto tra giudeocristiani ed ellenocristiani scoppiato ad Antiochia. La Chiesa di Gerusalemme, che sta in ascolto, è raggiunta dalla notizia della conversione dei pagani e del conflitto che è nato in merito alla loro ammissione nella comunità cristiana. Dopo visite e confronti, la controversia viene risolta in un'assemblea in cui si confrontano Pietro e Giacomo, i quali ascoltano le ragioni dei convertiti dal paganesimo per bocca degli inviati Paolo e Barnaba. Il confronto è aspro, il conflitto è dichiarato senza reticenze davanti ad apostoli e presbiteri. Pietro prende la parola per dichiarare la salvezza rivolta a tutti gli esseri umani, e tutti accolgono in silenzio il suo discorso. Dopo un ulteriore discorso rivolto a tutti da Giacomo, il fratello del Signore, capo della Chiesa di Gerusalemme, si decide di accogliere le istanze emerse ad Antiochia, specificando però alcune richieste ineludibili.

Dal confronto e dall'ascolto reciproco nasce una lettera firmata da apostoli e presbiteri in cui si testimonia che «è parso bene allo Spirito santo e a noi» (At 15,28) aprire all'accoglienza nella Chiesa delle genti provenienti dal paganesimo. L'esito di questo "sinodo", di questa assemblea, non è la vittoria di alcuni o la sconfitta di altri ma una proposizione condivisa in cui tutti si potessero riconoscere. Così la Chiesa conosce nuovamente la comunione, la pace, e da quel momento le sue porte mai più si chiuderanno a quanti, tra le genti, saranno chiamati alla fede da parte del Signore sempre vivente e presente in mezzo ai suoi discepoli.

Questi racconti degli Atti che testimoniano l'operazione ecclesiale del discernimento sono dei veri "racconti fondativi", altamente significativi ed esemplari per la Chiesa di ogni tempo. Se infatti è vero che c'è un esercizio del discernimento personale, lo è altrettanto che esiste un esercizio del discernimento comunitario, più complesso e forse più faticoso, ma che deve sempre essere messo in atto nella Chiesa. «In tutti i battezzati, dal primo all'ultimo, opera la forza santificatrice dello Spirito che spinge a evangelizzare», e sempre la comunità cristiana, sotto il primato della Parola e dello Spirito santo, è dotata «di un *istinto della fede* – il *sensus fidei* – che la aiuta a discernere ciò che viene realmente da Dio»[1]. Si tratta di «ascoltare ciò che

[1] Francesco, *Evangelii gaudium*, cit., 119.

lo Spirito dice alle Chiese», le quali ascoltano attraverso gli orecchi di uomini e donne, cristiani e cristiane nei quali è efficace la grazia e opera la parola del Signore ascoltata, pregata e vissuta.

Fare discernimento comunitario, camminare insieme, non è una "tecnica" per vivere bene insieme, ma è la condizione senza la quale lo Spirito santo non può parlare alla Chiesa. Gli stessi pastori, i quali per essere tali devono avere il dono del discernimento, hanno la precisa responsabilità di mettersi in ascolto del gregge loro affidato, per discernere insieme la volontà del Signore e darle attuazione ecclesiale. L'antico adagio ecclesiale «*quod omnes tangit, ab omnibus tractari et approbari debet*» – «ciò che riguarda tutti, da tutti deve essere discusso e approvato» – si ispira proprio a questa prassi della Chiesa nascente testimoniata, seppur in modo semplice e sintetico, dagli Atti. Lo Spirito santo, «Maestro dell'unità nelle differenze»[2], accompagna sempre la Chiesa, se il cammino che essa compie è sinodale.

[2] Francesco, Incontro con i sacerdoti e i consacrati, Duomo di Milano, 25 marzo 2017.

## 14

## IL VOLTO SINODALE DELLA CHIESA

Nella Costituzione apostolica *Episcopalis communio*[3] di papa Francesco sul Sinodo dei vescovi il termine «discernimento» è attestato solo due volte. Al paragrafo 7, dopo aver indicato l'importanza del processo consultivo sempre operato in tutta la storia della Chiesa per conoscere il parere dei pastori e dei fedeli su ciò che riguarda il bene della Chiesa stessa, si mette in rilievo nella celebrazione di ogni assemblea sinodale l'operazione del «discernimento da parte dei pastori appositamente designati, uniti nella ricerca di un consenso che scaturisce non da logiche umane, ma dalla comune obbedienza allo Spirito di Cristo». Al paragrafo 8 si ribadisce che ogni assemblea sinodale «è un momento importante di ascolto comunitario

[3] Francesco, Costituzione apostolica sul Sinodo dei vescovi *Episcopalis communio* (15 settembre 2018).

di ciò che lo Spirito santo "dice alle Chiese" (Ap 2,7). È perciò necessario che, nel corso dei lavori sinodali, ricevano particolare risalto le celebrazioni liturgiche e le altre forme di preghiera corale, per invocare sui membri dell'assemblea il dono del discernimento e della concordia».

Nonostante queste due uniche attestazioni del termine, in realtà tutto il documento ha come punto centrale l'operazione del discernimento ecclesiale, essenziale per ogni cammino e ogni decisione nella chiesa del Signore. Anche se la Chiesa ha sempre praticato l'operazione del discernimento, e l'antica preghiera dell'*Adsumus* che apre e chiude ogni assemblea sinodale ne dà testimonianza[4], è vero che oggi siamo chiamati a essere più attenti e quindi invitati a un più profondo ed esteso esercizio del discernimento ecclesiale, comunitario.

Papa Francesco ha richiamato e richiama a più riprese la Chiesa tutta e le diverse comunità cristiane a questo esercizio del discernimento ecclesiale, perché la vita della Chiesa deve certamente scaturire dall'obbedienza alla parola di Dio e al mistero eucaristico celebrato, ma deve anche essere pensata, progettata, delineata e decisa da tutto il popolo di Dio in cammino verso il

[4] Cf. *infra*, capitolo 16, p. 129.

Regno. Si tratta di un cammino faticoso e difficile, che richiederà molto tempo per essere assunto dalla Chiesa nel suo vivere quotidiano, ma è decisivo per il futuro delle comunità cristiane.

La Chiesa vive, cresce e si rinnova grazie al discernimento. Se è assodato che il discernimento deve essere innanzitutto esercitato dai pastori (anche se a volte si ha la sensazione di pastori non muniti di questo dono e dunque ci si chiede quali siano stati i criteri della loro elezione!), alla formazione del discernimento devono contribuire tutti i fedeli, muniti del dono dello Spirito santo e del *sensus fidei* che abita il popolo di Dio rendendolo «*infallibile "in credendo"*»[5].

La dinamica della forma della Chiesa – «tutti, alcuni, uno, il primo» – è resa feconda proprio dall'esercizio del discernimento da parte di ciascuno, secondo il grado di fede ricevuto e secondo il posto da lui/lei occupato nella comunità cristiana. E se normalmente le assemblee sinodali sono consultive e possono essere deliberanti solo per volontà dell'autorità suprema, il Papa successore di Pietro e vescovo di Roma, la formazione del parere deve coinvolgere tutti. Il già citato adagio ecclesiale «ciò che riguarda tutti, da tutti deve

[5] Francesco, *Evangelii gaudium*, cit., 119.

essere discusso e approvato» resta un'acquisizione decisiva nella storia della Chiesa.

Per questo soprattutto nei Sinodi di oriente, ma pure in quelli di occidente, non sono presenti solo vescovi, ma anche teologi, spirituali, esperti e testimoni che, nel dialogo, nell'ascolto reciproco e nel confronto, operano il discernimento, lasciando la decisione ultima all'autorità suprema. «Il *consensus Ecclesiae*», infatti, «non è dato dal computo dei voti ma è frutto dell'azione dello Spirito, anima dell'unica Chiesa di Cristo»[6]. Ma cosa richiede il discernimento comunitario-ecclesiale?

Innanzitutto che il processo coinvolga tutti, dai semplici fedeli nelle Chiese locali, uomini e donne, ai pastori e all'autorità del Sinodo stesso. Il discernimento ecclesiale può solo essere "sinodale", ossia un processo che si attua camminando insieme. Questo spiega bene perché discernimento ecclesiale e sinodalità si accompagnino sempre nel testo dell'Esortazione. Come si è visto nel capitolo precedente, è la stessa Scrittura che ci suggerisce il cammino del discernimento comunitario, soprattutto negli Atti degli apostoli, quando la Chiesa nascente, munita del dono del Risorto, lo Spirito santo, è chiamata a operare scelte e a prendere decisioni

[6] Id., *Episcopalis communio*, cit., 7.

di fronte ai problemi che la vita della comunità pone come urgenze da risolvere insieme.

Che cosa ci suggeriscono queste testimonianze? Che per l'operazione del discernimento comunitario è in primo luogo necessaria la lettura del problema, dell'urgenza e l'interpretazione degli eventi che richiedono valutazione e scelte di atteggiamenti. Non solo i conflitti non sono eliminabili dalla vita ecclesiale, ma sono un'occasione di approfondimento dei temi della vita cristiana e di crescita, di maggior adesione alla volontà del Signore della Chiesa. Nella Chiesa ognuno deve avere la possibilità della presa della parola, di porre domande, di dare suggerimenti. Soprattutto oggi l'appartenenza alla Chiesa si misura con la partecipazione alla sua vita e per questo la presa della parola s'impone come manifestazione fondamentale di soggettività responsabile e pensante. L'ascolto reciproco è dunque il primo passo verso l'esercizio del discernimento comunitario.

Dall'ascolto occorre passare all'interpretazione, in cui ciascuno con i propri doni legge, assume e aiuta una ricezione comunitaria dell'urgenza, della domanda, della scelta da operare. Soprattutto in questa fase del processo, il *sensus fidei* di ognuno deve essere messo all'opera, in modo che ciò che è stato detto e manifestato sia posto a confronto con il Vangelo, con la parola di Dio, con la grande tradizione della Chiesa e quindi con tutta l'esperienza cristiana di cui si è capaci e portatori. Qui non può certo mancare la preghiera come invocazione dello Spirito santo per il dono del discernimento ma anche come obbedienza alla volontà del Signore. Preghiera nutrita anche dal silenzio che è eloquente e va dunque ascoltato per discernere tra la Parola e le parole, tra le parole di ciascuno e le parole della comunità, della Chiesa, dell'assemblea.

Solo a partire da questi elementi preliminari ci si esprimerà in vista della decisione, che sarà certamente formulata dalle autorità ecclesiali (vescovo, papa), ma, grazie al discernimento comunitario, sarà una decisione alla quale ognuno sentirà di aver contribuito, disponendosi quindi ad accoglierla e a obbedirla come parola della Chiesa. Il Sinodo sui giovani celebrato nell'ottobre del 2018[7] ha messo in movimento questo esercizio del discernimento comunitario, facendo sì che il Sinodo stesso avesse il suo punto di partenza nelle Chiese locali, nelle diverse comunità cristiane, e indicando che, al suo termine, il processo avrebbe dovuto raggiungere nuovamente il popolo di Dio: il suo

[7] XV Assemblea generale ordinaria del Sinodo dei vescovi: I giovani, la fede e il discernimento vocazionale (3-28 ottobre 2018).

punto di arrivo è la vita quotidiana delle Chiese locali. Ma certo il cammino per l'assunzione della pratica del discernimento comunitario è ancora molto lungo e per ora non può dirsi attestato!

15

# VALUTARE E DISCERNERE NELLA SINODALITÀ

In concomitanza con gli eventi del '68 nel mondo occidentale è avvenuta una rivoluzione che gli osservatori più intelligenti significativamente sintetizzano in una sola espressione: «la prise de la parole», il diritto a prendere la parola. Giovani, soprattutto universitari, in Francia e in Italia, donne di ogni condizione, minoranze fino ad allora occultate e negate, si sentirono spinti come da un forte vento a prendere la parola, a lungo loro negata. Ovunque emergeva la convinzione, anche grazie all'accesso al mondo universitario da parte delle classi meno abbienti e al proliferare di strumenti espressivi, che tutti, uomini e donne, dovessero avere la possibilità di prendere la parola. Tutti possedevano la stessa dignità umana di cittadini e avevano il diritto di esprimersi liberamente, a voce alta, nella società.

Dibattiti, confronti, manifestazioni a volte selvagge e anche sguaiate, apparivano come una protesta che chiedeva di essere accolta.

Anche nella Chiesa, qua e là, i cosiddetti gruppi spontanei, alcune comunità riunite attorno a preti carismatici e più tardi le comunità di base, nascevano e si diffondevano in nome di questo bisogno: far sentire la propria voce, prendere la parola, in particolare in quella che è l'epifania della Chiesa tra la gente, cioè la liturgia eucaristica domenicale. Fu una stagione con tratti ambigui, talvolta non conformi all'ecclesialità, che tuttavia non ha segnato solo quella generazione, ma ha trasmesso anche alle nuove generazioni in tutta la Chiesa il desiderio della presa della parola.

Oggi il linguaggio è mutato, le sue espressioni non sono più protestatarie e rivendicative, ma si continuano a cercare vie e modi di "dare la parola" da parte dei pastori e di prendere la parola da parte del popolo di Dio. L'avvento di papa Francesco è riconosciuto come decisivo in questo senso: egli esercita il ministero del successore di Pietro come uno che sa ascoltare, dare la parola e tracciare così un cammino per tutta la Chiesa, un cammino sinodale contrassegnato dal fare strada insieme da parte di tutti i battezzati, «popolo di Dio, presbiteri, vescovi e Papa».

Personalmente resto convinto che si faranno delle riforme più o meno adeguate, che ci saranno discipline maggiormente segnate dalla libertà dei figli di Dio e dalla misericordia, ma ciò che è decisivo è l'istanza della conversione pastorale di una Chiesa che diventa il luogo della parola: della parola di Dio che risuona limpida nel Vangelo, della parola umana che esprime la fede e sa rendere conto della speranza che è Cristo. Cosa chiede – potremmo dire – lo Spirito alle Chiese?

Innanzitutto, come sempre, chiede che la Chiesa sia generata dall'ascolto, nasca attraverso l'ascolto e viva dell'ascolto. D'altronde, questa è la via tracciata dal concilio Vaticano II, di cui Francesco è solo interprete creativo: «Il cammino della *sinodalità* è il cammino che Dio si aspetta dalla Chiesa del terzo millennio», ha detto con forza il Papa, ben consapevole che la sinodalità è lo stile proprio di una Chiesa dell'ascolto, «ascolto condotto a tutti i livelli della vita della Chiesa ... Chiesa dell'ascolto, nella consapevolezza che "ascoltare è più che sentire"[8]»[9].

Sì, c'è un primo passo da fare per la sinodalità, ed è l'ascolto, in primo luogo delle sante Scritture

[8] Francesco, *Evangelii gaudium*, cit., 171.

[9] Francesco, Discorso in occasione della Commemorazione del 50° anniversario dell'istituzione del Sinodo dei vescovi, 17 ottobre 2015.

proclamate *in ecclesia*. Questo il grande impegno ecclesiale: esercitarsi nell'ascolto della Parola nella quale si manifesta la possibilità della conoscenza di Dio e della sua volontà. Primato, egemonia, centralità del Vangelo significa proprio questo: ciò che la Parola dice è normativo. Può certamente avvenire il conflitto dell'interpretazione, come è accaduto all'inizio della Chiesa e nel corso dei secoli, ma proprio grazie a un ascolto non individuale ma ecclesiale, sinfonico, il Vangelo può risuonare in verità, forza e chiarezza. È il grande esercizio dell'ascoltare insieme, in una Chiesa che si riconosce innanzitutto «fraternità» (*adelphótes*), convocata dall'unico Padre e Signore.

Ma l'ascolto della Parola è sempre, nel contempo, ascolto dei segni dei tempi e dei luoghi. Ascolto della parola di Dio e ascolto di ciò che gli uomini e le donne vivono oggi, vanno insieme, perché l'interpretazione orienta l'azione, ma l'azione verifica e traduce l'interpretazione. Già la Costituzione conciliare *Gaudium et spes* chiedeva «il discernimento dei segni dei tempi alla luce del Vangelo»[10] come esercizio essenziale della Chiesa per stare nella storia, nella compagnia degli uomini, con un significato proprio, ma anche per sa-

[10] Cf. *Gaudium et spes*, cit., 4.

per rispondere alle speranze e alle attese dell'umanità concreta e contemporanea. Il popolo di Dio deve riconoscere se stesso sotto la guida dello Spirito santo che abita l'universo e la storia e che chiede di essere riconosciuto (operazione del discernimento) in eventi ed esigenze che si manifestano anche con ambiguità e contraddizioni, ma nei quali c'è il segno della mano di Dio, Pastore della storia. L'ascolto dei segni dei luoghi va praticato anche nella convinzione che, quando la Chiesa giunge in una terra, in un popolo, trova già presente lo Spirito all'opera anche in quella cultura e in quella lingua, trova presente una fiducia che chiede solo di essere fatta emergere come fede.

Infine, nella Chiesa si impone l'ascolto del popolo di Dio. Il popolo della Chiesa è profetico, portatore di una parola da parte del Signore, dotato «dell'unzione che lo rende *infallibile "in credendo"* … di un *istinto della fede* – il *sensus fidei* – che lo aiuta a discernere ciò che viene realmente da Dio»[11]. È il popolo che deve interpretare ciò che lo Spirito dice alle Chiese e non comunica soltanto all'angelo che presiede ciascuna di esse; perciò va interrogato e ascoltato, sempre affermando la

[11] Francesco, *Evangelii gaudium*, cit., 119.

diversità dei carismi, la differenza di autorità (*exousía*) tra i vari ministeri.

Nella tradizione cristiana del primo millennio risuonava l'adagio del codice giustinianeo, già incontrato, «ciò che riguarda tutti, da tutti deve essere discusso e approvato». È un principio forgiato dalla grande tradizione cristiana, non a caso ripreso dal concilio Vaticano II[12] e ribadito da papa Francesco[13]. Come nell'assemblea di Gerusalemme descritta dagli Atti degli apostoli al capitolo 15, l'ascolto nella Chiesa deve essere reciproco: ognuno ascolta l'altro e tutti insieme si impegnano nell'interpretazione delle posizioni, anche nel conflitto, ma sempre nella ricerca comune della verità. Si tratta di «valutare e discernere insieme» attraverso un'argomentazione seria e sinfonica. Nessuna paura dei conflitti, già presenti nella Chiesa apostolica, ma l'importante è la volontà di attraversare il conflitto nella carità, cercando sempre di salvaguardare la comunione, nell'umiltà di riconoscere se stessi "mancanti" rispetto alla verità che mai si possiede ma sempre si cerca, perché ci precede tutti.

Dal confronto, dibattito e ascolto reciproco si deve giungere non a decisioni premature, che creano

[12] Cf. *Lumen gentium*, cit., 12.
[13] Cf. Francesco, Discorso del 17 ottobre 2015, cit.

vincitori e vinti; si deve pervenire anche a decisioni provvisorie da riconsiderare poi più tardi, mediante un nuovo confronto, accettando che con il tempo le realtà maturino, si precisino e siano più partecipate. Nel secondo concilio di Costantinopoli (553) è stato espresso un canone importante: «Quando dei problemi che devono essere trattati da due parti sono posti alla discussione comunitaria, allora la luce della verità scaccia le tenebre. Perché nella discussione comunitaria nella fede, la verità non può manifestarsi in altro modo, siccome ciascuno ha bisogno dell'aiuto del suo prossimo». Sì, la verità, la buona decisione si manifesta quando c'è confronto, ascolto reciproco, discussione comune, volontà di comunione e soprattutto di obbedienza alla parola di Dio.

Ecco allora come si può giungere alla deliberazione, cioè a una decisione che viene così espressa a partire da tutte le condizioni preliminari necessarie. Certo, solo l'occhio profetico della Chiesa può dire: «È parso bene allo Spirito santo e a noi» (At 15,28), ma può arrivare a dirlo. L'antica preghiera prevista per l'inizio e la fine di un'assemblea sinodale – detta *Adsumus*, dal suo incipit[14] – è molto ricca e ispirante al riguardo:

[14] Cf. *infra*, capitolo 16.

rileggerla e pregarla sarebbe un aiuto a percorrere la strada della sinodalità, del discernimento comunitario, dell'autentico ascolto ecclesiale.

16

# IL FUTURO DELLA CHIESA È NELLA SINODALITÀ

Papa Francesco, in modo autorevole e con grande frequenza, parla della necessità di vivere la sinodalità nella Chiesa di oggi. A suo avviso, vivere e instaurare la sinodalità nella Chiesa non è solo l'urgenza maggiore, ma proprio dalla pratica della sinodalità dipende il futuro della Chiesa e il rimedio per molte patologie che oggi appaiono devastanti e dolorose.

Dopo il concilio Vaticano II eravamo abituati a parlare di «collegialità» episcopale e presbiterale, mentre il termine «sinodalità» raramente era presente nel linguaggio ecclesiale cattolico. E quando si evocava la sinodalità, lo si faceva in riferimento alle istituzioni delle Chiese orientali-ortodosse, indicando con il termine «sinodo-sinodalità» la loro forma di governo. È significativo che negli anni di passaggio tra i due millenni sia stato delineato e presentato prima a Giovanni

Paolo II e poi a Benedetto XVI un progetto per un Sinodo permanente che fosse accanto al vescovo di Roma, per accompagnarlo nel suo ministero petrino di sollecitudine per tutte le Chiese. Questo progetto venne elaborato da alcuni tra i più grandi teologi ed ecclesiologi e fu portato all'attenzione dei due papi con grande speranza. Il Sinodo era pensato e desiderato quale rinnovamento della forma di governo della Chiesa.

Una volta diventato vescovo di Roma, Francesco, dopo aver fatto alcuni riferimenti alla forma sinodale quale assetto delle Chiese ortodosse, dalle quali trarre insegnamento, ha cominciato a usare il termine «sinodo-sinodalità» con un significato molto più esteso: sinodo è un processo, è una modalità di vivere la Chiesa; sinodo è il cammino ecclesiale che tutti devono fare insieme, perché i cristiani sono compagni di viaggio, «sinodali»; sinodo è l'espressione della fraternità dei battezzati e delle battezzate; sinodo è la forma più visibile della comunione; sinodo è anche liturgia, essendo un atto di un'assemblea santa, sacramentale.

Occorre dunque assumere una concezione del sinodo e della sinodalità che vada oltre il significato di un evento puntualmente celebrato: la sinodalità come *stile* di vita ecclesiale, come *processo simbolico*, perché battezzati e gerarchia la vivono insieme; come processo *pericoretico*, perché si nutre della circolarità tra tutte le componenti della Chiesa. Sì, va ammesso che non eravamo pronti a tale comprensione della sinodalità, e proprio per questo da un lato dobbiamo riconoscere un ritardo della riflessione teologica in merito, dall'altro dobbiamo confessare una reale difficoltà ad approdare a questa nuova comprensione indicata da papa Francesco.

A tale proposito, sarebbe molto importante la meditazione e la preghiera dell'*Adsumus*, un'orazione con cui da più di un millennio in occidente si aprono le assemblee sinodali. In questo testo, che è una vera epiclesi sull'assemblea, è infatti presente una «*confessio peccatorum ecclesiae*», dunque una «penitenza» in cui la Chiesa si riconosce peccatrice ma sa anche porsi in ascolto della parola di Dio e in ascolto reciproco tra fratelli e sorelle, per cercare attraverso il discernimento fatto insieme la sinfonia spirituale nelle valutazioni e nelle decisioni. Dopo aver citato questa preghiera nei due capitoli precedenti, riporto qui il testo in una mia traduzione:

Siamo qui, davanti a te Spirito santo:
schiacciati dal peso dei nostri peccati
ma riuniti specialmente nel tuo Nome.

Vieni a noi,
sii con noi
e degnati di scendere nei nostri cuori.
Insegnaci cosa operare,
mostraci come fare il cammino,
realizza tu stesso ciò che dobbiamo compiere.
Sii tu solo a suggerire e guidare le nostre decisioni,
tu che solo con il Padre e con il Figlio suo possiedi il Nome glorioso.
Non permettere che sia turbata la giustizia,
tu che ami soprattutto l'eguaglianza.
L'ignoranza non ci faccia sviare,
l'umana simpatia non ci renda parziali,
non ci influenzino le cariche e le persone.
Tienici stretti a te con il dono della tua grazia
perché siamo uno in te
e in nulla ci allontaniamo dalla verità.
Amen.

Sia però chiaro: in questa comprensione anche liturgica, un Sinodo non può essere un'assemblea riservata ai "quadri", alla gerarchia, a quanti sono a capo di gruppi o istituzioni, ma è un'assemblea dei battezzati e delle battezzate in cui ognuno e tutti devono essere ascoltati, devono confrontarsi nel dialogo che non esclude i conflitti, devono trovare convergenze nella carità fraterna ecclesiale, devono produrre una deliberazione a cui obbedire.

Per comprendere il processo sinodale, occorre affermare innanzitutto e sempre che la sinodalità può solo essere un *cammino fatto insieme* dai cristiani, sotto l'egemonia dello Spirito santo promesso dal Signore Gesù Cristo alla sua Chiesa. Il *sýn* (insieme, con) non implica solo che i cristiani camminino insieme ma coinvolge anche l'azione dello Spirito santo che, invocato, scende, ispira e accompagna l'intero processo sinodale. O il Sinodo è un evento in cui è lo Spirito ad avere il primato e ad agire, oppure non è un Sinodo della Chiesa, ma solo un'adunanza, un'assemblea, un'istituzione sociale. Perché nel Sinodo deve sempre avvenire una "conversione del cuore", un'ispirazione che indica, in-segna, mostra e rivela qual è il cammino della Chiesa secondo la volontà di Dio. Detto altrimenti, deve trattarsi di un predisporre tutto affinché lo Spirito santo possa portare a termine il lavoro iniziato. Quali sono dunque le tappe da percorrere come "processo sinodale"?

All'inizio sta l'ascolto: ascolto della Chiesa, ascolto nella Chiesa, ascolto del mondo inteso quale umanità. Sempre emergono bisogni, sfide, crisi, conflitti che vanno in primo luogo letti e ascoltati, non tralasciati né rimossi. Tutto il popolo di Dio deve esercitare questa vigilanza e stare in ascolto. Si tratta dunque di saper leggere e ascoltare la realtà con le sue inattese criticità. Ascoltare diventa dunque ascoltarsi l'un l'altro, nella volontà di imparare qualcosa dall'altro e di accogliersi reciprocamente: l'ascolto di tutti, membri forti o deboli, giusti o peccatori, intelligenti o semplici, "giudei o greci", uomini o donne, è una confessione pratica e una celebrazione dell'unità dei battezzati in Cristo. Tutti hanno la stessa dignità di figli e figlie di Dio e perciò di fratelli e sorelle di Gesù Cristo: «un solo corpo, un solo spirito, una sola vocazione» (cf. Ef 4,4), un'unica *comunione ecclesiale*! La Chiesa è una fraternità (*adelphótes*: 1Pt 2,17; 5,9), i cristiani sono «pietre vive dell'edificio spirituale» (1Pt 2,5) che è la Chiesa e in ciascuno di loro è presente lo Spirito santo, l'*unctio magistra*, quel "fiuto" che li abilita a narrare le meraviglie compiute dal Signore, a riconoscere la sua azione e a vivere la propria esistenza come dinamica del Regno.

Comunità profetica, sacerdotale e regale, la Chiesa si nutre della corresponsabilità di tutti, nella pluralità dei doni e dei ministeri donati dallo Spirito santo a ciascuno. Il cammino sinodale è il cammino di questa realtà che vuole percorrere la stessa strada, restare unita in una comunione reale, per giungere alla stessa meta: il regno di Dio. *Prendere la parola* è dunque essenziale nella vita della Chiesa, perché significa *comunicare*, entrare in un confronto, in un dialogo che plasma quanti si ascoltano reciprocamente e crea in loro solidarietà e corresponsabilità. Così la sinodalità è generativa di una coscienza ecclesiale, di una fede pensata e motivata che rende ogni battezzato e ogni battezzata protagonista della vita e della missione della Chiesa.

In questo ascolto "orizzontale" deve sempre essere presente l'ascolto del Vangelo, di ciò che lo Spirito dice alle Chiese. Scrivo volutamente «in questo ascolto» dei fratelli e delle sorelle, e non «accanto a questo ascolto», perché non è possibile separare l'ascolto intra-umano dall'ascolto di Dio. Dio ci parla negli eventi, negli incontri con gli altri, nello spessore del quotidiano, sia che ascoltiamo la sua Parola nella liturgia o nella *lectio divina*, sia che incontriamo i nostri fratelli e sorelle in umanità. Certo, per quanto riguarda l'ascolto occorre distinguere tra il versante liturgico e il contatto diretto con la Parola contenuta nelle Scritture, da una parte, e il versante dei segni dei tempi, della storia, della vita quotidiana, dall'altra.

Resta in ogni caso vero che questo primo passo dell'ascolto reciproco e della presa della parola è oggi il più difficile e faticoso, perché la sinodalità richiede obbedienza al Vangelo, appartenenza ecclesiale, formazione continua, disponibilità al mutamento e alla creatività: non siamo esercitati a questo ascolto e anche nelle comunità monastiche, che dovrebbero essere case e scuole di sinodalità, in realtà questa operazione è difficile, talmente difficile da cedere il posto a una generale dimissione e alla scelta di lasciare la parola, e quindi la decisione, all'autorità. «"Sinodo", camminare insieme … è un concetto facile da esprimere a parole, ma non così facile da mettere in pratica»[15] ha ricordato Francesco. Ma ripeto: il primo passo sinodale resta *l'ascolto reciproco*, la presa della parola da parte di tutti, nessuno escluso, la volontà di non nascondere o rimuovere i conflitti, che vanno affrontati, l'affermazione della fraternità attraverso il riconoscimento della soggettività dell'altro e della sua responsabilità. L'intera assemblea, e al suo interno ciascuno e ciascuna con l'ascolto e la parola, sono capaci di mostrare l'accordo «con tutta la Chiesa» (*sýn hóle tê ekklesía*: At 15,22).

Dopo questa prima tappa, si impone di intraprendere un cammino al fine di decidere e deliberare. Gli

[15] Cf. Francesco, Discorso del 17 ottobre 2015, cit.

organi ecclesiali di esercizio della sinodalità previsti finora – Sinodo dei vescovi, Sinodo diocesano, Consiglio presbiterale e pastorale diocesano, Consiglio pastorale parrocchiale – sono tutti *consultivi*, prevedono cioè una consultazione per raggiungere una deliberazione sinodale. Consultare significa accogliere un parere o una proposizione che vengono da un'assemblea o dai suoi membri, ma l'autorità non è vincolata a queste proposte. È vincolata a sollecitarle e ad ascoltarle, ma resta libera nel deliberare e non è neppure tenuta a onorare una maggioranza espressa in questo modo. La deliberazione nella Chiesa si realizza con il concorso di tutti, ma mai senza l'autorità pastorale (papa, vescovo, parroco), la quale assume la responsabilità personale della decisione, e tuttavia «non si discosterà da opinioni o voti espressi in larga maggioranza, se non per gravi motivi di carattere dottrinale, disciplinare o liturgico»[16]. Va in ogni caso riconosciuto che, secondo il medesimo documento, nel Sinodo tutti i membri sono chiamati a collaborare attivamente all'elaborazione delle dichiarazioni e dei decreti. Infatti, il processo decisionale è decisivo per comprendere il valore e il significato della decisione finale assunta.

[16] Congregazione per i vescovi, Direttorio per il ministero pastorale dei vescovi *Apostolorum successores* (22 febbraio 2004) 171.

L'elaborazione della decisione di un'assemblea sinodale appartiene pertanto ai membri che la compongono, mentre la decisione spetta all'autorità pastorale che l'assume e la delibera. È vero che si ammette che l'espressione «*votum tantum consultivum*» («voto solo consultivo»)[17] sia inadeguata per indicare la sinodalità, il cammino di comunione; ma siamo solo all'inizio di una nuova acquisizione di tutto il processo sinodale che oggi vuole assolutamente riconoscere la diversità dei carismi e dei ministeri e la qualità del popolo di Dio quale soggetto che, nutrito dal *sensus fidei*, è in un certo senso «*infallibile "in credendo"*»[18]. I pastori *insieme* al popolo di Dio, in *sýn-odós*, devono «esaminare tutto e discernere ciò che è buono» (cf. 1Ts 5,21; *Lumen gentium* 12), cercando sempre insieme la conformità della vita e del comportamento del popolo di Dio con il Vangelo.

Discernere e deliberare è un atto ecclesiale, ispirato dalla parola di Dio, frutto dell'esame dei segni dei tempi, generato da un ascolto e da un confronto fraterno che necessita del concorso di ciascuno e di tutti per giungere a elaborare e decidere insieme ciò che in seguito è deliberato dall'autorità pastorale, la quale non

[17] *Ibid.*, 29.
[18] Francesco, *Evangelii gaudium*, cit., 171.

può fare a meno del contributo dei diversi ministeri e carismi ecclesiali. La sinodalità non si esaurisce perciò in un evento celebrato (un Sinodo) ma deve apparire quale stile quotidiano della Chiesa. La sinodalità non è un semplice mezzo ma appartiene al modo di essere della Chiesa, alla sua natura: *camminare insieme, pastori e popolo di Dio*, nel pellegrinare che la Chiesa tutta compie verso il Regno. «*Ex concordantia subsistit ecclesia*»; «la Chiesa sussiste a partire dall'accordo, dalla concordia» tra tutte le sue membra.

Avviare processi sinodali nella Chiesa è non solo urgente ma anche decisivo, per impedire una situazione di comunità cristiane sfilacciate che non sentono più la comunione nella Chiesa locale e nella Chiesa *catholica*, universale.

# IV

# APERTURE DI ORIZZONTE

## 17

# UN CAMBIO RADICALE DEL VIVERE LA CHIESA

Negli ultimi tempi c'è una domanda che molti mi rivolgono e che io stesso mi pongo con frequenza: la Chiesa è ancora capace di essere missionaria, di rendere eloquente la fede che professa? I mezzi della missione mutano sempre più rapidamente, ma la missione sarà sempre ineludibile perché fa parte dell'essere cristiani: non si è alla sequela del Signore senza essere da lui inviati. Siamo di fronte a un mutamento radicale, che riguarda tutta la vita cristiana, la vita della Chiesa, ma in particolare ciò concerne proprio la missione *ad gentes*. Abbiamo lasciato la sponda e navighiamo verso un'altra terra che ancora non conosciamo. Le sfide si presentano con una novità inedita e dunque alla Chiesa tutta è richiesta un'operazione di discernimento, per attuare il mandato di Gesù risorto, sempre attuale: «Andate, evangelizzate in tutto il mondo, portate la buona notizia a ogni creatura» (cf. Mc 16,15).

Dobbiamo confessare oggi un'astenia delle Chiese locali, soprattutto nell'emisfero settentrionale del mondo: un'astenia nei confronti della missione, una mancanza di coraggio nel lasciare la propria terra segnata dal benessere per terre che sono ancora toccate dalla fame, dalla miseria e spesso anche dalla violenza e dalla guerra. È sufficiente constatare la mancanza delle vocazioni alla missione *ad gentes*; è sufficiente vedere come gli istituti missionari, che hanno dato una testimonianza eroica di evangelizzazione, conoscono, almeno nelle nostre terre di antica cristianità, sterilità e invecchiamento, che rende alcuni di essi addirittura precari. Da quando ha assunto il ministero di Pietro, papa Francesco chiede con frequenza alle Chiese di porsi «in uscita», di volgersi alla missione in condizioni dinamiche, aperte, libere, per poter portare la buona notizia del Vangelo. Ma dietro a queste espressioni, che rischiano di essere percepite semplicemente come slogan, c'è in realtà la richiesta di un cambiamento radicale del vivere la Chiesa, ben prima del vivere la missione che le è inerente.

Non spetta a me fare un'analisi di queste urgenze, ma occorre almeno mettere in evidenza che si richiede in primo luogo che ogni battezzato e ogni comunità cristiana si sentano responsabili dell'evangelizzazione, cioè del portare ovunque la buona notizia del Regno. Le espressioni che si usano per parlarne sono meno importanti, ma a mio avviso occorre una vera e propria conversione della vita cristiana. Bisogna che la vita cristiana ecclesiale sia impegnata in un esercizio, in un'attenzione reale alla sinodalità, affinché popolo di Dio e pastori camminino insieme. Tutti i cristiani sono chiamati ad assumere la responsabilità di essere inviati a uomini e donne che non conoscono Gesù Cristo; devono dunque essere innanzitutto soggetti capaci di esprimere la fede cristiana e, di conseguenza, di edificare la Chiesa con il loro specifico contributo culturale, religioso e umano. È la dinamica alla quale il Papa ritorna sovente nei suoi discorsi missionari, ricordando parole come ascolto, incontro, dialogo, testimonianza, annuncio.

Credo inoltre che sia importante ricordare che oggi la missione non è rivolta solo alle genti ma riguarda le nostre Chiese. Se alla fine della seconda guerra mondiale il cardinale di Parigi Emmanuel Suhard parlava della Francia come di una terra di missione, oggi siamo tutti convinti che l'Europa è terra di missione, come afferma il teologo Christoph Theobald. Viviamo in un'epoca che non è soltanto secolarizzata: siamo in un'epoca post-cristiana, e nelle nostre terre di antica cristianità ci sono delle situazioni che fanno sì che la missione sia quanto mai urgente. Soprattutto le nuove generazioni sono segnate da una profonda indifferenza verso la religione, verso la ricerca di Dio, verso l'appartenenza alla Chiesa. Sta avvenendo una rivoluzione silenziosa che cambia profondamente il volto delle nostre comunità, nelle quali le nuove generazioni e le donne sono «la Chiesa che manca», secondo l'efficace espressione di Armando Matteo[1]. Sì, sta avvenendo una rivoluzione silenziosa che cambia e cambierà profondamente il volto delle nostre comunità.

Abbiamo sognato una Chiesa evangelizzante e invece ci troviamo di fronte a una Chiesa in realtà non evangelizzata e con generazioni senza più alcun contatto con la fede cristiana. In questa situazione inedita occorrerebbe da parte nostra una capacità di lettura, un esercizio di discernimento per assumere la responsabilità della mancata trasmissione della fede alle nuove generazioni. Non basta parlare dei millennials, bisogna riferirsi ai loro padri e alle loro madri, cioè la prima generazione che ha veramente tradito la trasmissione della fede,

[1] Cf. A. Matteo, *La Chiesa che manca*, cit.

a partire dalla famiglia e dai vari contesti educativi. Risulta evidente che in una Chiesa così debole va riconosciuta ormai una crisi di fede: dobbiamo avere il coraggio di dirlo, il problema è la debolezza della fede!

Ma allora quale missione e quale evangelizzazione, non nei mezzi, ma alla radice? Occorre innanzitutto prendere coscienza dell'indifferenza regnante nei confronti di Dio e della ricerca di lui. Da anni ormai ripeto che la Chiesa deve prendere atto di tale indifferenza, ma sembra che in realtà nessuno ci voglia credere, e così si continuano a studiare le strategie per l'annuncio, nella stessa maniera di prima. Per le nuove generazioni – ma anche per alcuni delle generazioni post '68 – Dio non è più interessante, non è più necessario per vivere bene, nella felicità. Si continuano a ripetere alcuni slogan ma, se si ascoltano veramente i giovani, si comprende che stanno bene senza ricerca di Dio. Il problema è eventualmente quello della "gratuità" di Dio, il che ci richiede nuovi atteggiamenti per annunciarlo: Dio non sta più nello spazio della necessità! Dio è addirittura una parola ambigua, respinta dalle nuove generazioni, perché spesso è legata al fanatismo religioso, all'intolleranza, alla violenza.

Per molti aspetti, fatte le dovute differenze, siamo in una stagione analoga a quella dei primi secoli della

Chiesa, quando i cristiani per difendere la loro singolarità avevano il coraggio di dire: «La parola "Dio" non è un nome per noi cristiani, è un'approssimazione naturale dell'uomo per descrivere ciò che non è esprimibile»[2]. Dio è una parola che può contenere tante proiezioni umane, che può essere il frutto di una riflessione intellettuale, che può essere l'esito di una ricerca di senso fatta dall'uomo. Ciò che invece è decisivo nella fede cristiana è la meta di un percorso compiuto alla sequela di Gesù Cristo, «l'iniziatore della nostra fede» (Eb 12,2). Questo richiede che, nella nostra missione ed evangelizzazione, sia davvero Gesù Cristo l'annuncio, l'uomo Gesù Cristo vissuto nella carne: l'uomo come noi, totalmente uomo in una vita mortale, nella storia, dalla nascita alla morte, con tutti i nostri limiti umani, eccetto il peccato, perché è con la vita umana che egli ci ha rivelato Dio e ci porta alla comunione con lui. E Cristo non solo ci rivela Dio: egli infatti si fa conoscere come Dio, Figlio di Dio, vero Dio e vero uomo.

Qui sta lo specifico del cristianesimo, anche in un tempo di confronto con gli altri monoteismi e con altre vie religiose. Io amo parlare della «differenza cristiana»,

[2] Giustino, *Apologie* II,6.

che è una differenza non contro o senza gli altri, ma una differenza che nasce dalla convinzione che Gesù Cristo è davvero colui che ha unito umanità e Dio. Dopo di lui, non si può dire l'umanità senza dire Dio e non si può dire Dio senza dire l'umanità. Questa è la nostra fede: confessiamo che Gesù Cristo è uomo e Dio, Dio fatto carne, Dio sempre vivente nei secoli dei secoli. Benedetto XVI, in apertura dell'Enciclica *Deus caritas est* (2005), aveva il coraggio di scrivere: «All'inizio dell'essere cristiano non c'è una decisione etica o una grande idea, bensì l'incontro … con una persona»[3], Gesù Cristo. Questo secondo me è il punto centrale, a partire dal quale può veramente mutare la situazione astenica della fede e, di conseguenza, quella dello slancio missionario. Il problema della crisi della missione *ad gentes* in realtà è un problema della missione anche qui nelle nostre terre di antica cristianità, non c'è molta differenza. Le nostre comunità cristiane si sono assestate, spesso per loro sono più decisivi i valori o le prassi etiche che non la passione bruciante e la fede in Gesù Cristo. Al contrario, non si ripeterà mai abbastanza che nell'evangelizzazione siamo chiamati a mettere al centro Gesù Cristo e la sua umanità,

[3] Benedetto XVI, Enciclica *Deus caritas est* (25 dicembre 2005) 1.

rivelazione del Dio vivente. E si faccia attenzione: nessuna negazione della divinità di Gesù, ma neppure nessun debito della fede cristiana al teismo, perché è Cristo che ci conduce a Dio, non un qualsiasi dio che ci conduce a Cristo.

18

# CHE SPERANZA DIAMO AGLI UOMINI E ALLE DONNE D'OGGI?

In continuità con la riflessione del precedente capitolo sull'urgenza di una nuova forma del "vivere la Chiesa", mi pare doveroso formulare alcune proposizioni o proposte per l'evangelizzazione oggi. Grazie alla rivelazione di Dio fatta da Gesù Cristo (cf. Gv 1,18), la nostra fede è arrivata a dire, attraverso l'apostolo Giovanni, che «Dio è amore, carità» (1Gv 4,8.16). Dunque, la fede cristiana ha sempre come volto la carità, l'amore che i cristiani devono vivere nel mondo in mezzo agli altri uomini e donne, e la Chiesa deve essere il sito della carità visibile di Dio tra gli umani. È significativo che Gesù non abbia mai cercato il riconoscimento della sua missione e di conseguenza della missione dei discepoli, ma ha offerto un criterio molto semplice e fondamentale: «Da questo tutti sapranno che siete miei discepoli, se avrete amore gli uni per gli altri» (Gv 13,35). L'unico segno, l'unico sigillo dell'essere discepoli e discepole di Gesù è dato non da atteggiamenti religiosi e cultuali, liturgici – e questo lo dice un monaco che pratica abbondantemente la liturgia –, non da dichiarazioni di fede, ma semplicemente dal «comandamento nuovo» dell'amore verso gli altri. Questo è il comandamento ultimo e definitivo: «Che vi amiate gli uni gli altri come io ho amato voi» (Gv 13,43; 15,12), dice Gesù. La logica di queste parole è paradossale. Gesù non dice: «Come io ho amato voi, voi amate me». No, dice: «Amatevi tra di voi perché, così facendo, amerete me». Non basta invocare il Signore, non basta invocare la sua parola, non basta mangiare e bere con lui nell'Eucaristia per essere cristiani (cf. Lc 13,26); occorre vivere la carità come l'ha vissuta Gesù, fino all'estremo (cf. Gv 13,1), fino al dono della propria vita nel servizio degli altri. Una carità praticata mai in modo ripetitivo e schematico, ma sempre reinventata e rinnovata nei gesti e nelle azioni.

Proprio per questo il giudizio del Figlio dell'uomo sull'umanità di ogni tempo sarà fondato sulle azioni che ogni essere umano avrà vissuto nei confronti degli altri. Gesù non ci ammonisce con un giudizio che riguarda le nostre debolezze di uomini e donne fragili nella loro condizione carnale, ma sulle nostre omissioni, quando incontriamo (o non incontriamo) l'altro, il bisognoso, l'affamato, l'assetato, lo straniero, il povero, il malato, il carcerato (cf. Mt 25,31-46). Ciò che ci viene chiesto è incontrare l'altro in quanto essere umano, fratello o sorella in umanità, uguale in dignità. Si tratta di andare incontro all'altro cercando di discernere il suo bisogno, ascoltando la sua sofferenza, la sua invocazione, fino a prendercene cura in una relazione ospitale all'insegna della gratuità. Questa carità vissuta decide la verità dell'appartenenza a Cristo.

Certo, i cristiani sono chiamati a dare una forma pratica, concreta alla solidarietà, all'uguaglianza, alla giustizia. La carità cristiana esige sempre un'opzione per l'umanizzazione in assoluta gratuità, senza ansie di evangelizzazione o di autoconservazione della Chiesa. La concezione cristiana della carità è eversiva e può essere "anormale" (parole di Paul Valadier, gesuita ex direttore della rivista *Études*), nel senso che resta sorda alle voci mondane, al miraggio dell'*audience*, e si distacca da ciò che nella storia è vincente e più facilmente attestato. Non dunque dei cristiani fuori del mondo, ma nel mondo altrimenti, nel mondo senza essere del mondo (cf. Gv 17,11-16); senza paure e senza esigere di essere vincitori. La buona notizia che i cristiani sono chiamati a dare all'umanità è solo quella dell'amore offerto in modo incondizionato, un amore che non va mai meritato. In estrema sintesi, è questo annuncio, fatto con autorevolezza, secondo un detto di Gesù già citato: «Hai visto il tuo fratello? Hai visto il tuo Dio».

Ma nella missione, quale speranza? Forse questa è la cosa più difficile oggi per il cristianesimo e per la missione. Tutta la storia della Chiesa, infatti, è segnata dalla testimonianza della carità, in particolare verso i poveri e i malati. Mai nessuno ha dubitato di questa capacità della carità, anche oggi e anche nelle nostre Chiese. Ma quale speranza diamo agli uomini e alle donne di oggi? Viviamo in un tempo segnato da molte paure, un tempo in cui si sono spente e anestetizzate le grandi speranze delle ideologie e delle utopie secolarizzate. Il nostro tempo è spesso posto sotto il segno della crisi, o addirittura della fine. La precarietà del presente e l'incertezza del futuro alimentano paure che abitano la nostra convivenza – «nuove paure», come ha scritto il sociologo Marc Augé –, indeboliscono la fiducia, paralizzano l'insurrezione delle coscienze. Papa Francesco chiede con insistenza di combattere e di vincere le paure come decisivo antidoto al rinchiudersi in un orizzonte individualistico, asfittico, ripiegato su di sé, e quindi assorbito in un vortice di egoismo.

Immerso in questa situazione, il cristiano subisce oggi la tentazione di rifugiarsi innanzitutto in una spiritualità seducente, accattivante ed efficace, una spiritualità che consiste nel presentare la salvezza come benessere individuale. Siamo di fronte, come già si accennava, a un «teismo etico terapeutico», che cerca armonia e benessere quotidiano e aspira al conforto interiore. Il primato viene accordato a un Dio "Energia", all'offerta di un moralismo dettato dall'antropologia, alla salvezza come pace e calma interiore. Ed è così che la speranza, proprio perché è rinchiusa in dimensioni individuali, non è più speranza, tanto meno quella cristiana: o si spera per tutti, o non si spera! Ma allora quale speranza annunciare nella missione cristiana?

Sono sempre più convinto che dobbiamo partire dalla narrazione cristiana per eccellenza: l'amore vince la morte. Nelle diverse culture umane si è sempre giunti a pensare, in varie forme, a un duello tra amore e morte, *eros* e *thanatos*, i due nemici per eccellenza. Non è un caso che l'Antico Testamento nel Cantico dei cantici arrivi ad affermare che l'amore può combattere la morte, anche se non si spinge fino a dire che ne è vincitore. Si ferma all'espressione: «Forte come la morte è l'amore» (Ct 8,6). Ma l'annuncio cristiano testimonia esattamente a questo proposito l'inaudita novità di Gesù Cristo: avendo amato fino all'estremo, fino alla fine (cf. Gv 13,1), essendo vissuto operando il bene e spendendo la vita per i poveri, i sofferenti, gli oppressi, gli esclusi, gli scarti della società e i peccatori, non è restato preda della morte. Dio lo ha resuscitato perché non era possibile che quell'amore vissuto andasse perduto. Così possiamo intendere le parole dette da Pietro a Gerusalemme, nel primo discorso dopo Pentecoste: «Non era possibile che la morte lo tenesse in suo potere» (At 2,24).

Forte come la morte è l'amore, più forte della morte è stato l'amore vissuto da Gesù. Questo è l'annuncio cristiano, che possiamo rivolgere anche ai non cristiani, ai non credenti, facendo loro capire che la resurrezione è davvero il nucleo incandescente di tutta la nostra fede in Gesù Cristo. La morte non è l'ultima parola, è questo che noi dobbiamo saper comunicare all'interno del nostro annuncio evangelizzatore. Solo così rendiamo ancora Cristo non un maestro di umanità o di spiritualità, ma colui che è capace di salvare realmente le nostre vite.

Ecco alcuni tratti radicali di cosa dovrebbero essere la nostra fede, la nostra carità e la nostra speranza, affinché possa germinare lo slancio missionario. Sono convinto che, soltanto andando alla radice e vedendo bene ciò che manca oggi alla Chiesa, potremo uscire da questa situazione di sterilità e di crisi di fede. E se la fede è debole, lo è anche la missione. Ammettiamolo, i problemi sono molti: la città è sempre più post-cristiana, noi siamo una minoranza nella società, avvolti dal regno dell'indifferenza nei confronti di Dio e della Chiesa, ma non per questo viene meno la speranza, la quale potrà far germinare in futuro dei segni che possano davvero essere all'insegna della fede, della speranza e della carità.

Noi abitiamo «la Galilea delle genti» (Mt 4,15), quelle genti che ormai sono qui tra di noi. Il mondo è cambiato. E la mia speranza è che il prossimo Sinodo dei vescovi, unitamente a quello che si sta celebrando nella Chiesa cattolica tedesca e nella Chiesa che è in Italia, possa fornire delle tracce per tutte le Chiese. Il problema, infatti, non riguarda solo quelle Chiese, peraltro così diverse, ma riguarda noi: come inculturare la fede in questo mondo globalizzato e post-cristiano? Rispondere a questa domanda richiede di compiere passi nuovi, richiede nuovi modi di vivere e far vivere la liturgia, richiede un altro linguaggio, richiede di mettere a fuoco gli elementi essenziali del cristianesimo, senza timori né paure. Ci è chiesta una grande conversione, forse simile a quella che il cristianesimo del primo secolo dovette compiere per aprirsi dal giudaismo a tutte le genti della terra.

# 19

# L'AMORE AUTENTICO OFFRE TEMPO E PRESENZA

La Chiesa è comunione. Tale verità, spesso ripetuta e declinata in molti modi, anche in questo libro, va costantemente fondata sulla grande tradizione della Chiesa. E la radice delle radici è ovviamente il Vangelo, che è Gesù. Vorrei dunque soffermarmi sul mistero inesauribile della vita di Gesù: capire "dove egli è andato", cioè come ha vissuto, è essenziale per comprendere "dove va la Chiesa", in ogni tempo.

Gesù non ha fatto una teoria sulla comunione, ma ha mostrato come viverla attraverso una prassi di amore, fino a esprimere «il comandamento nuovo», cioè ultimo e definitivo: «Amatevi gli uni gli altri come io vi ho amati» (Gv 13,34; 15,12). Ma soprattutto, Gesù ha praticato l'amore «fino alla fine, fino all'estremo» (*eis télos*: Gv 13,1). Vorrei dunque tentare una rilettura della sua prassi dall'ottica del nostro stile di vita. Non citerò brani evangelici, ma vorrei tenerli sullo sfondo, per vedere come essi agiscono su noi suoi discepoli e discepole, nel nostro stile di vita quotidiano. In quale modo lo stile di vita di Gesù plasma e ispira il nostro vivere la comunione?

Gesù ha vissuto l'amore innanzitutto *offrendo il suo tempo e la sua presenza*. Oggi la contraddizione all'amore autentico viene soprattutto dalla mancanza di tempo (prospettiva che si è rovesciata nel periodo della pandemia!), dal non dare all'altro la propria presenza. I ritmi della vita, gli impegni di lavoro, le molteplici cose da fare, le scadenze che ci paiono inderogabili, tutte queste realtà ci "mangiano" il tempo; sicché, pur avendo tempo per molte altre cose, non abbiamo più tempo per le cose gratuite, quelle che non ci portano guadagno. Ci manca il tempo dell'incontro: incontriamo le persone che dobbiamo incontrare per ragioni di lavoro, anzi cerchiamo di moltiplicare gli incontri che possono "rendere", ma non c'è più tempo per l'incontro che non fa parte del nostro lavoro e che non ci fa guadagnare. Dare tempo per amore, dare la presenza all'altro senza fare nulla e anche senza dire nulla, ci sembra tempo sprecato. Eppure non c'è amore dove non c'è presenza dell'uno all'altro.

Gesù ha inoltre avuto una grande *attenzione per l'altro, a cominciare dal suo corpo*. Occorre avere la percezione che l'altro non è un partner ideale davanti a me, né un tu qualsiasi, un altro e basta, ma è un corpo con cui devo relazionarmi, un corpo che aspetta da me degli atteggiamenti, un linguaggio, perché per comunicare i corpi devono esprimersi. Si tratta dunque di riconoscere il corpo dell'altro realmente, non di definirlo solo in base a criteri di bellezza, avvenenza, crescita sana.

È normale che un corpo seduca, attragga, interessi, oppure respinga e faccia provare repulsione. Al riguardo, per incontrare l'altro occorrono molta attenzione, molta sapienza, molto esercizio per disciplinare le nostre emozioni e i nostri sentimenti: non possiamo amare l'altro solo se ci piace! È facile provare sentimenti di attrazione per chi è bello, giovane, piacevole, ma per amare l'altro occorre accogliere innanzitutto quel preciso corpo, perché la sua vita che voglio e devo incontrare è inscritta in quel corpo, nei suoi occhi, nelle sue labbra, nelle sue mani... L'altro non ha un corpo: è un corpo! Se è un corpo, allora non posso accendere l'amore senza accogliere il suo corpo. Solo attraverso il corpo passa l'amore.

Non esiste un contatto, una relazione con una persona, che non passi attraverso la relazione con il suo corpo. Chiediamoci semplicemente: perché Francesco di Assisi ha baciato un lebbroso? Non ha amato un lebbroso facendogli la carità o pregando per lui: l'ha baciato! Nella relazione è anche il corpo che parla: parla da giovane e da anziano, da sano e da malato, da bello e da brutto. Va detto che ogni corpo è una persona, ogni corpo – dice il cristiano – è «tempio dello Spirito santo» (1Cor 6,19). Ogni corpo è un membro del corpo di Cristo.

Gesù ha voluto entrare in relazione con gli altri *interrogandoli, conversando e dialogando.* Per crescere nella conoscenza e nell'amore occorre avvicinarsi all'altro, accogliere il suo corpo con attenzione e quindi entrare in dialogo con lui, ascoltandolo e parlandogli. Si inizia ascoltando l'altro, restando silenziosi, a volte ascoltando il silenzio dell'altro. Occorre poi intervenire, magari rispondendo o ponendo domande, ma sempre con un atteggiamento che dica l'interesse per la relazione. Solo a queste condizioni si accende la comunicazione: comunicazione di parole, di silenzi, di gesti, di sguardi, di un "toccare" l'altro. La comunicazione è vitale, per questo esige che vi siano impegnati il cuore, la mente, il corpo con i suoi atteggiamenti. Ascolto dell'altro per cogliere dove lui è; ascolto dell'altro per conoscere ciò che lui porta nel cuore e vuole comunicare a me; ascolto dell'altro per far crescere l'amore; ascolto dell'altro per predispormi a riconoscerlo affidabile, in una relazione che ci impegnerà reciprocamente.

Se uno non ascolta, non si predispone ad amare, non può accedere all'amore; e se uno non parla, non entra nella dinamica dell'amore, perché non parlare è il primo modo per sottrarsi alla relazione e per negarla. Sincerità e verità diventano allora assolutamente necessarie alla comunicazione e rendono possibile l'edificare la relazione nell'amore. Si pensi solo a una frase semplice eppure così decisiva: "Io ti amo", parola detta in sincerità, detta come confessione e promessa. Espressione che sempre sottintende la domanda: «E tu mi ami?», attendendo una risposta. In queste parole si gioca «il senso dell'eternità» (*'olam*: Qo 3,11) che ogni essere umano porta in sé!

In ogni relazione d'amore accade tuttavia che il male prevalga sul bene, che l'amore sia tradito, si ammali, sia contraddetto. Nessuna illusione: nell'amicizia, nella storia dell'amore vissuta nel matrimonio, nei rapporti di amore prima o poi avviene una contraddizione. A volte è uno che viene meno, mentre l'altro resta saldo; a volte entrambi i partner dell'amore diventano infedeli l'uno all'altro. Ciò accade, ma non deve essere così deludente da impedire la relazione d'amore, né essere giudicato quale morte dell'amore. Bisogna prepararvisi, bisogna metterlo in conto anche quando ci si promette reciprocamente la fedeltà, il non venire meno. Anzi, occorrerebbe che chi ama metta in contro che l'altro mancherà e, di conseguenza, si impegni a perdonare per ripartire, per ricominciare, fino a dimenticare il venire meno dell'altro. Qui si misura la maturità dell'amore: amore vissuto concretamente, non idealizzato, amore innestato in ciò che io sono e in ciò che l'altro è.

Ecco perché è decisiva la capacità, la volontà, la responsabilità del perdonare, sulla quale Gesù ha dato l'esempio fino alla fine. Perdonare è amare con coraggio, è credere che l'amore che si vive è più forte delle contraddizioni che riceve. Chi ha un cuore che sa perdonare, ha un cuore grande, abitato dall'amore, un amore che sa accogliere dall'altro non solo la bellezza, le virtù, i doni, ma anche i difetti, le fragilità, le cadute, anche le cattiverie. A volte il cammino di chi ama è gravemente ferito, quasi impossibile da percorrere: in questi casi occorre fermarsi, sostare, non muoversi, restare in attesa dell'altro che si è smarrito… Ci vuole molta pazienza e poi, sì, la capacità di perdonare, di riprendere con sé l'altro e di ripartire nell'amore.

Questa è la vittoria dell'amore sulla morte (cf. Ct 8,6) che possiamo sperimentare qui sulla terra! Questa è la comunione che la Chiesa, corpo di Cristo, può vivere e testimoniare al mondo.

20

# CRISI DI VOCAZIONI O CRISI DELLA FEDE?

Nel suo intervento all'inizio dell'assemblea generale dei vescovi italiani tenutasi a fine maggio 2018, papa Francesco ha manifestato tre preoccupazioni per la Chiesa che è in Italia e di cui egli è anche il primate. Con la sua solita franchezza ha detto di voler condividere ciò che nel suo cuore lo interroga e lo fa soffrire: non per "bastonare", rimproverare i vescovi o la Chiesa, ma per mettere in evidenza le urgenze ecclesiali che richiedono innanzitutto consapevolezza, quindi anche adeguati tentativi di risposta. Queste le sue parole:

> La prima cosa che mi preoccupa è la *crisi delle vocazioni*. È la nostra paternità quella che è in gioco qui! Di questa preoccupazione, anzi, di questa emorragia di vocazioni, ho parlato alla Plenaria della Congregazione per gli Istituti

di Vita Consacrata e le Società di Vita Apostolica[4], spiegando che si tratta del frutto avvelenato della cultura del provvisorio, del relativismo e della dittatura del denaro, che allontanano i giovani dalla vita consacrata; accanto, certamente, alla tragica diminuzione delle nascite, questo "inverno demografico"; nonché agli scandali e alla testimonianza tiepida. Quanti seminari, chiese e monasteri e conventi saranno chiusi nei prossimi anni per la mancanza di vocazioni? Dio lo sa. È triste vedere questa terra, che è stata per lunghi secoli fertile e generosa nel donare missionari, suore, sacerdoti pieni di zelo apostolico, insieme al vecchio continente entrare in una sterilità vocazionale senza cercare rimedi efficaci. Io credo che li cerca, ma non riusciamo a trovarli![5]

Le altre due preoccupazioni del Papa riguardano la *povertà evangelica nella Chiesa* e la necessità di una *riduzione e accorpamento delle diocesi*, oggi troppo numerose rispetto ai nuovi assetti della popolazione e del territorio. Ma è sulla prima preoccupazione di Francesco che vorrei riflettere, ben sapendo che essa ha connessioni con lo stile di povertà della Chiesa e

[4] Il 28 gennaio 2017.
[5] Francesco, Discorso all'Assemblea generale della CEI, 21 maggio 2018.

con la sua collocazione nella compagnia degli uomini, nella storia e nel territorio dell'Italia.

Il tema della crisi, della mancanza delle vocazioni è ben presente e sentito in modi molto diversi nella nostra Chiesa, perché l'emorragia delle vocazioni, l'abbandono del ministero assunto o dell'alleanza nella vita religiosa, il rarefarsi numerico di chi inizia a percorrere questi cammini di sequela del Signore, sono fenomeni attestati da decenni, potremmo dire almeno dagli anni '70 del secolo scorso. Oggi la situazione è semplicemente diventata tragica per tutta la vita religiosa ma anche per la vita presbiterale, perlomeno in alcune regioni del nostro paese che mostrano una sterilità senza precedenti; altre invece appaiono ancora capaci di una fecondità che assicura abbondanza di pastori per le comunità cristiane. Il Sinodo dei vescovi celebrato nel 2018 ha affrontato significativamente proprio il tema della vocazione e del suo discernimento nel mondo giovanile, ed è stato un'occasione in cui si sono iniziate a delineare strade di fecondità del grembo delle comunità cristiane.

Sembra dunque che la consapevolezza della gravità della crisi sia ormai assunta da tutta la Chiesa. Ma come interpretare tale crisi, dalla quale dipende il futuro delle comunità cristiane, soprattutto nelle nostre terre di antica cristianità? Sono assolutamente vere e condivisibili le cause elencate da papa Francesco: denatalità, secolarizzazione, relativismo, cultura del provvisorio e dell'incertezza, nuove comprensioni in materia di etica e sessualità, ecc. Conosciamo tutti e bene queste patologie, che inibiscono e impediscono scelte totalizzanti, scelte di servizio ai fratelli e alle sorelle, all'umanità e alla Chiesa. Ma è doveroso interrogarsi su possibili contraddizioni da parte della Chiesa stessa, contraddizioni alla vocazione quale azione del Dio fedele verso la sua comunità.

Ecco allora emergere alcune precise domande, necessarie quanto le risposte che non sempre sappiamo dare. Quella che chiamiamo crisi di vocazioni è veramente tale, oppure è una crisi della fede, della fede-fiducia che si è fatta debole anche nella comunità cristiana e che si manifesta come mancanza di fede nella vita, nel futuro, in ciò che potremmo essere chiamati a vivere e a realizzare? C'è nella comunità cristiana la consapevolezza di dover essere generativa, e non solo di una nuova generazione cristiana alla quale trasmettere la fede, ma anche di cammini di cui la comunità cristiana ha bisogno per essere memoria del Vangelo, memoria vivente di Gesù Cristo?

A volte mi pare di poter definire il grembo della

comunità cristiana come "abortivo". Abortivo, sì, perché incapace di fare crescere quei germogli di vocazione che non mancano mai in un giovane o in una giovane che si affaccia alla vita. Se infatti nella comunità cristiana vengono meno quelli che fanno segno, che sanno indicare i cammini della vocazione; se c'è afasia e di conseguenza domina il "così fan tutti"; se è afono chi dovrebbe porre domande ai giovani e quindi accompagnarli, pur senza imposizioni, su cammini nei quali possa emergere una vocazione, allora il grembo ecclesiale, che a mio avviso non è mai del tutto sterile, risulta però abortivo. Viene così a mancare la "cultura della vocazione", cioè quell'ambiente, quel clima nel quale un giovane può porsi la domanda: «Signore, che cosa vuoi che io faccia?». Detto altrimenti: «C'è una parola per me oppure sono solo io che devo cercare, trovare e decidere, senza che vi sia un orientamento, un po' di luce che illumini il mio cammino?». Questa, in sintesi, la domanda che ascolto da tanti giovani e che ai miei orecchi risuona come un grido privo di eco e di ascolto.

Secondo la mia lunga esperienza di ascolto di giovani e di accompagnamento nelle diverse vocazioni, mi pare doveroso e urgente manifestare alcune convinzioni e osservazioni. In primo luogo è necessario mettere oggi in evidenza che a ogni essere umano è rivolta una vocazione: è appunto la vocazione umana, la vocazione alla pienezza della vita. Non sorprenda questa espressione, non a caso attestata anche in un documento conciliare (cf. *Gaudium et spes* 16). Ogni uomo, ogni donna avverte una chiamata, sente un impulso, un desiderio che lo chiama uscire da se stesso, che gli chiede di essere capace di responsabilità, dunque di rispondere. Quando un essere umano sente questa chiamata, è spinto a decifrarla, a scegliere cosa fare della propria vita, cogliendola come unica. Normalmente questo processo si manifesta nell'adolescente, nel giovane: cosa fare per non buttare la propria vita, per viverla in pienezza, per trovare in essa un senso? Il mestiere di vivere è faticoso, duro, ma può essere buono, bello e beato, se la vocazione diventa il mestiere di vivere.

Se invece il vivere è senza vocazione, allora diventa intollerabile, e la vita si fa "liquida", sfilacciata, frammentata, inconcludente. C'è una vocazione umana che va assolutamente affermata, prima di tutte le altre specifiche vocazioni cristiane che possono solo nascere e crescere in chi vive in pienezza tale vocazione alla vita umana. Non lo si deve dimenticare, perché oggi questa mancanza di *humus* della vocazione umana, questa sua non percezione impedisce l'innesto in essa di una vocazione cristiana al matrimonio, al ministero ordinato o alla vita religiosa.

Quanto poi alla cosiddetta «pastorale vocazionale», ne conosciamo i limiti e sovente anche la sterilità. Se manca la presenza concreta e quotidiana di chi può accendere il fuoco nel cuore dei giovani, se non c'è l'audacia di fare segno, se le indicazioni riguardano soltanto un impegno – pur buono, caritatevole, generoso – mentre non si favorisce la vita interiore, allora è una pastorale che assorbe tante forze ma resta infeconda.

Sì, la comunità cristiana oggi deve saper essere il soggetto che, nella potenza dello Spirito santo, chiama e nel suo seno sa generare uomini e donne dei quali la Chiesa ha bisogno. E solo se sarà capace di far sentire la vocazione alla vita umana, sarà anche capace di aiutare a discernere le chiamate particolari, sui differenti sentieri della sequela. L'ho già scritto e l'ha detto anche il Papa ai vescovi: in regioni come la Puglia vi sono Chiese con un grembo capace di generare presbiteri ma non religiosi e religiose. Perché avviene questo, in una sorta di capovolgimento di tendenza? Piemonte, Liguria e Toscana, per esempio, mostrano invece una grande sterilità di tutte le vocazioni particolari: i monasteri chiudono, i frati lasciano i conventi, le suore sembrano scomparire, i presbiteri sono pochi e affaticati, nonostante la loro testimonianza evangelica e il loro stare in mezzo alla gente...

La Chiesa italiana, e al suo interno soprattutto i vescovi e i superiori religiosi, deve dunque interrogarsi profondamente, in questo momento in cui la Chiesa cattolica sta silenziosamente mutando il suo volto senza che vi sia un'assunzione di responsabilità e una sufficiente consapevolezza in merito. Una Chiesa senza suore, senza frati e senza monaci, sarà certamente cattolica, ma impoverita perché priva di una testimonianza decisiva della memoria del Vangelo.

## 21

# VERSO UNA COMUNIONE VISIBILE TRA LE CHIESE

Questo libro, che reca come titolo «Dove va la Chiesa?», avrebbe potuto essere intitolato anche «Dove vanno le Chiese?», perché sempre nelle nostre riflessioni abbiamo tenuto presente il cammino non solo della Chiesa cattolica ma di tutte le Chiese cristiane. Sempre siamo stati convinti che la Chiesa una, santa, cattolica e apostolica raccoglie tutti i battezzati in Cristo unico Salvatore del mondo, e ciò che unisce i cristiani è molto più determinante di ciò che per ora purtroppo li separa.

D'altronde, siamo ormai tutti convinti che il destino dei cristiani nel futuro è un destino condiviso da tutte le Chiese le quali, nel nostro mondo occidentale secolarizzato e potremmo dire post-cristiano, sono segnate da precarietà, da debolezza e da mancanza di propulsione nell'annuncio del Vangelo a un'umanità indifferente al discorso religioso, tanto più all'appartenenza religiosa nelle istituzioni ecclesiali. Viviamo una stagione nella quale è in atto un grande mutamento che ci sorprende ogni giorno con le sue novità e i suoi elementi inediti, tanto da farci sentire smarriti su sentieri inesplorati e difficili da decifrare. C'è grande incertezza nel vivere della Chiesa nella compagnia degli uomini: grande incertezza su come vivere la Chiesa, grande incertezza nell'immaginarla nei prossimi anni...

Anche nel dialogo ecumenico tra le Chiese cristiane viviamo un'ora di "aporia". Ciò che sembrava acquisito nel faticoso cammino post-conciliare appare fragile e persino contraddetto o comunque dimenticato, mentre tensioni, rotture, irrigidimenti e tentazioni scismatiche tornano a dominare nei rapporti inter-ecclesiali. Paradossalmente ciò avviene mentre nel popolo cristiano cresce l'indifferenza e la disaffezione verso il tema dell'unità visibile delle Chiese. Dobbiamo confessarlo: la fiamma del fuoco dell'ecumenismo, che ha segnato gli anni del concilio e del post-concilio, si è indebolita, mentre si è imposto quel cinismo che proclama l'impossibilità e anche la non necessità della comunione visibile tra le Chiese. Si è fatta strada la convinzione che il cristianesimo fin dalle sue origini è sempre stato diviso, che l'unità visibile può solo essere un sogno e che in ogni caso ciò che è decisivo è il dialogo, la carità, la solidarietà, mentre la fede può avere espressioni differenti e le Chiese possono restare una realtà plurale.

Anche quanti nelle Chiese sono incaricati dallo Spirito santo di svolgere il ministero dell'unità e della comunione sembrano non avere l'obiettivo della ricomposizione dell'unità visibile, quell'unità che il Signore Gesù ha indicato come il grande segno per il mondo, la grande spinta a credere, ad aderire a lui: «Padre, che tutti siano una cosa sola ... perché il mondo creda che tu mi hai mandato» (Gv 17,21). Sono aumentati gli incontri teologici e si moltiplicano le iniziative comuni; vi è una crescente burocratizzazione degli addetti ai lavori del dialogo ecumenico a livello locale e internazionale; si assumono certamente stili cordiali, segnati da mitezza e cortesia reciproca: eppure non si tende a un unico obiettivo e non si cerca l'unità visibile nella fede. Così la mancanza di comunione tra le Chiese non è più avvertita come una grave ferita al corpo di Cristo né dai pastori né dal popolo cristiano. Ogni Chiesa compie il suo cammino, lo progetta e lo attua, senza ascolto delle altre, senza una convergenza nel cercare insieme un'obbedienza radicale alla volontà del Signore e alla messa in pratica del Vangelo nell'oggi.

Anche l'ecumenismo del sangue, quello vissuto dai martiri appartenenti a Chiese differenti, non sembra capace di spronarci verso l'unità, benché sia «il segno più convincente dell'ecumenismo di oggi»[6]. Dopo una stagione che molti hanno giudicato invernale e comatosa per l'ecumenismo, la primavera portata da Francesco sembrava aver restituito forza a questo santo anelito all'unità. Egli ha mostrato di sapersi umiliare, fino a dimenticare i segni della sua autorità, pur di incontrare, dialogare, fare un pezzo di "cammino insieme" con i capi di altre Chiese in vista dell'unità. Francesco ha anche saputo incontrare e riconoscere Chiese verso le quali non c'era stata attenzione da parte cattolica e più volte ha dato e dà alle sue parole di magistero papale un'apertura ecumenica in grado di essere recepita dagli altri cristiani.

E tuttavia continua a dominare la *philautía*, l'egoismo ecclesiale di chi percorre un cammino senza tenere conto delle altre confessioni cristiane, preoccupandosi solo della propria tradizione e delle proprie posizioni acquisite nella storia. Certo, noi soffriamo di questo stato di cose, ma non possiamo fare nulla all'interno delle altre Chiese. Nella nostra Chiesa cattolica, invece,

[6] Cf. Giovanni Paolo II, Lettera apostolica *Tertio millennio adveniente* (10 novembre 1994) 37; espressione citata a più riprese anche da papa Francesco.

dovremmo essere più consapevoli dell'ostacolo che siamo per l'unità, a partire da come viviamo la Chiesa. Lo sappiamo, spetta soprattutto al Papa e ai vescovi riformare l'esercizio del primato e Giovanni Paolo II nell'Enciclica *Ut unum sint* ebbe l'audacia di chiedere consigli e apporti per discernere un nuovo approccio al ministero petrino di comunione. Scrisse che quale vescovo di Roma si sentiva investito della responsabilità di «trovare una forma di esercizio del primato che, pur non rinunciando in nessun modo all'essenziale della sua missione, si aprisse a una situazione nuova»[7].

Sono però passati quasi tre decenni da quel documento e nulla di concreto è avvenuto in questa direzione da parte del Papa né da parte del collegio episcopale. Ma soprattutto quello che resta inaccettabile per le Chiese non cattoliche è la centralità del Papa che non lascia spazio all'episcopato e a una vera sinodalità. I cristiani ortodossi la chiamano «supremazia» e temono che la voce papale sia l'unica che si leva nella Chiesa, rendendo afono il corpo ecclesiale. Ma alla sinodalità va chiamato tutto il popolo di Dio, perché essa, come si è visto[8], è ben più della semplice collegialità:

[7] Giovanni Paolo II, Enciclica *Ut unum sint* (25 maggio 1995) 95.
[8] Cf. *supra*, capitolo 16.

è la sinodalità che può essere l'anima di una riforma ecclesiale;

è la sinodalità che, riguardando tutte le Chiese, può mutare il loro volto e renderlo più evangelico;

è la sinodalità il vero laboratorio dell'unità visibile.

Se non si cammina insieme a livello ecclesiale, non si potrà cercare di vivere una Chiesa visibilmente una, come il corpo di Cristo è uno. E se oggi nell'ecumenismo si vuole fare un passo in avanti, occorrerà che le Chiese ripensino la loro attuale disciplina in materia di partecipazione all'Eucaristia. Se infatti i cristiani, avendo ricevuto il battesimo, sono veramente partecipi dell'unico corpo di Cristo, occorrerà che siano dati almeno segni profetici della loro comunione. Non un'intercomunione "selvaggia" o soggettiva, ma in certi casi, quando sussistono la stessa fede eucaristica e un impegno di vita comune (matrimonio, comunità ecumeniche), allora potrebbe essere possibile condividere all'altare lo stesso Pane e lo stesso Calice, profetizzando una comunione per tutta la Chiesa. Le Chiese devono ascoltare questo desiderio che viene soprattutto da tante famiglie divise confessionalmente eppure unite dalla fede in Cristo quale unico Salvatore del mondo, fondamento della loro alleanza.

Si parla spesso di cambio di paradigma: ebbene, sono profondamente convinto che il paradigma più urgente sia quello di pensare in modo ecumenico, con gli altri cristiani, mai senza gli altri.

# EPILOGO

Questo libro si apre con la domanda: «Dove va la Chiesa?», e dopo un lungo e articolato itinerario si conclude con la domanda: «Quale sarà la Chiesa di domani?». È vero che è decisivo preoccuparsi della vita della Chiesa "qui e ora", che occorre "oggi" cogliere la voce di Dio che si rivolge a noi per dirci: «Figli dell'uomo, ritornate!». Ma è anche vero che possiamo e forse dobbiamo guardare al futuro e chiederci che Chiesa stiamo edificando come testimonianza del Signore Dio che è venuto nella storia assumendo la nostra umanità.

Operazione questa non facile e non garantita: la Chiesa va creduta perché esiste e vive sulla terra anche se non sempre è visibile, anche se le sue sembianze umanissime, come quelle del suo Signore, non conducono alla fede e non portano alla convinzione. La Chiesa c'è e opera là dove una madre veglia con pazienza, quotidianamente, sul figlio handicappato, dove gli "scarti" della società trovano fratelli e sorelle che si prendono cura di loro, dove i peccati degli umani sono pianti e chiedono perdono.

Piccolo gregge, rara realtà nel mare dell'indifferenza, sembra essere così poco importante... Ma anche solo quella liturgia che ogni giorno è cantata da monaci e monache nei monasteri, anche quelle messe celebrate nelle pievi o nelle chiese di campagna con pochissimi fedeli sono un grido verso il cielo, sono una forza per l'umanità che noi non riusciamo a discernere.

La Chiesa c'è, ma va cercata altrove: per trovarla occorre far parte di una comunità, di un popolo che tenta di vivere la fraternità e quindi occorre aver abbandonato i piani alti, le corti e le curie, ed essere estranei al chiacchiericcio ecclesiastico che è pieno di rancore e di calunnia. C'è più fede nel ragazzo in carrozzella che dice che gli piace Gesù rispetto all'ecclesiastico che recita formule di fede senza mai provare un sentimento per il Signore.

Oggi, potremmo dire ogni giorno, papa Francesco ci offre stimoli, ci risveglia, qualche volta ci ferisce con le sue parole con le quali vuole semplicemente invitarci a essere e a divenire ciò che siamo: umani e battezzati. I suoi interventi – con questo non ho nessuna intenzione di lusingarlo, né voglio concorrere alla crescita della "papolatria", che mi spaventa in quanto è una delle tante forme di idolatria – fanno gustare il Vangelo nella sua radicalità senza addomesticarlo, sono canti alla misericordia di Dio che vorrebbe raggiungere tutti, soprattutto i più lontani e i più peccatori, per far brillare di nuovo la luce del Vangelo, quella dolce luce che non abbaglia, ma che consola e dà riposo.

Se Gesù un giorno si fece questa domanda sulla sua missione: «Ma il Figlio dell'uomo, quando verrà, troverà la fede sulla terra?» (Lc 18,8), anche noi possiamo umilmente, senza la pretesa di formulare una risposta certa, porci la stessa domanda, soprattutto nel nostro tempo.

D'altronde capita a volte che camminando in città e passando vicino a una chiesa monumentale chi mi è accanto mi chieda: «Enzo, che ne sarà di tutte queste costruzioni un tempo tanto gloriose, oggi in disuso o abbandonate e domani occupate da chi? Ci saranno ancora comunità cristiane nel nostro occidente?».

Maurice Bellet qualche anno fa, nel libro *La quarta ipotesi. Sul futuro del cristianesimo*[9], cercava di individuare gli scenari più probabili per il futuro della

[9] Servitium, Bergamo 2003.

Chiesa: una Chiesa che continua il suo cammino nella storia come ha fatto ultimamente con riforme appena accennate e tentativi di regressione (la Chiesa che beatifica insieme Pio IX e Papa Giovanni XXIII, il 3 settembre del 2000); oppure una Chiesa che si chiude su di sé con una scelta settaria per fare un'opera di lotta efficace contro il mondo e la modernità; ma forse si potrebbe anche intravvedere la possibilità di una Chiesa di piccole comunità, in diaspora ma non dispersa, una Chiesa riunita attorno alla tavola e nutrita dei sacramenti, capace di stare nel mondo quale sale che dà sapore, lievito del Regno che fa fermentare, spazio di comunione e riconciliazione.

Chissà? Certo anche noi vivremo questa Chiesa serva e povera, una Chiesa in cui il Papa è il servo dell'unità e della comunione e non è una presenza totalizzante, una Chiesa nella quale ogni battezzato matura nella fede, sa testimoniare che Gesù è più che mai vivente e che la morte è vinta per sempre. Sì, vivremo una Chiesa nella quale la liturgia non è più separata dal servizio dell'uomo e la conoscenza di Dio dalla conoscenza dell'uomo. Sarebbe una grazia se gli umani potessero dire ai cristiani senza tanti giri di parole: «Mostrami il tuo uomo (la tua umanità) e io ti dirò chi è il tuo Dio!».

In questi giorni che sono gli ultimi, ultimi anche del pontificato di papa Francesco, c'è una tendenza al cambiamento o, meglio, un movimento di conversione della Chiesa. Papa Francesco con la preparazione del Sinodo inaugura una via nuova per la Chiesa risvegliando in essa il popolo di Dio come carovana in cammino nel deserto verso il Regno, incoraggiando con *parrhesía* la carità della Chiesa in mezzo agli uomini e alle donne di oggi, dando alla comunità cristiana una forma evangelica, quella voluta dal Signore per la sua sposa.

Il Sinodo è una grande grazia all'inizio del terzo millennio, e soprattutto la sua dinamicità, questo suo mutare man mano che si procede, indica che la Chiesa è dinamica, asseconda i segni dei tempi e ascolta ciò che lo Spirito dice alle Chiese. Che anche all'evento Sinodo e non solo nel processo preparatorio siano stati ammessi fedeli uomini e donne, religiosi e religiose, presbiteri e altri "spirituali" che il Papa potrà chiamare è una novità che porterà una straordinaria fecondità, perché ciò che sarà legiferato terrà conto anche delle componenti ecclesiali non episcopali. Inoltre, la partecipazione al voto finale sulle proposizioni del Sinodo da presentare al Papa, voto al quale sono state ammesse le donne, è un fatto direi "miracoloso".

Sì, qualcosa sta mutando concretamente e se papa Francesco ripenserà alle sue aperture prevedendo anche le corrispondenti procedure, determinando il diritto a costo di mutare il Codice di Diritto Canonico dell'83 e anche alcune proposizioni del Catechismo di Giovanni Paolo II, noi ci sentiremo di nuovo in pellegrinaggio, in cammino nella "via" che è Cristo, colui che ci precede sempre, ci attira sulla strada con legami di bontà, con relazioni d'amore.

Concludo. So di aver scritto per chi nella Chiesa attuale si sente sconfitto, a volte emarginato ma soprattutto dimenticato. Poveri laici, ritenuti non necessari e di poco conto. Ma per questa nostra situazione non ci sentiamo abbattuti. Siamo tra i tanti *anawim* di Israele e della Chiesa che hanno un solo tesoro: attendere con fede il Cristo che viene. *Marana tha*, vieni Signore Gesù! Noi siamo qui finché tu vuoi ad attenderti.

Molti della mia generazione, e io con loro, restiamo testimoni dell'implosione della Chiesa in questi ultimi tempi dopo aver vissuto il tramonto della cristianità. In tutti questi decenni non ci è rimasto altro fondamento che la parola di Dio. Siamo in situazioni diverse, abbiamo percorso vie diverse, ma siamo certi come lo eravamo in giovinezza di possedere un tesoro, quello della parola di Dio: in vasi fragili di creta, ma ce l'abbiamo!

E nella nostra miseria vediamo la misericordia di Dio.

*Shomèr ma mi-llailah?*
Sentinella, a che punto è la notte?
(Is 21,11)

Torino, in esilio, 14 luglio 2023

# INDICE

*Introduzione* pag. 5

I. PUNTI DI PARTENZA DEL CAMMINO » 11
1. La conversione al Vangelo » 13
2. Le urgenze per la Chiesa oggi » 21
3. Tre istanze preliminari per una riforma: ascolto, accoglienza, ecumenismo » 29
4. Chi è la Chiesa? » 35
5. La Chiesa, casa e scuola di comunione » 41

II. STRUMENTI PER IL VIAGGIO » 47
6. Il primato della Parola e dell'ascolto » 49
7. La trasmissione della fede » 56
8. Chiesa e liturgia » 63
9. La fraternità: sigillo della «differenza cristiana» » 70
10. Lotta contro la mondanità » 82
11. Il "cono d'ombra" della vita religiosa » 89
12. La Chiesa e i giovani » 97

III. CAMMINARE INSIEME: LA SINODALITÀ pag. 105
13. Il discernimento ecclesiale » 107
14. Il volto sinodale della Chiesa » 114
15. Valutare e discernere nella sinodalità » 121
16. Il futuro della Chiesa è nella sinodalità » 129

IV. APERTURE DI ORIZZONTE » 141
17. Un cambio radicale del vivere la Chiesa » 143
18. Che speranza diamo agli uomini e alle donne d'oggi? » 151
19. L'amore autentico offre tempo e presenza » 159
20. Crisi di vocazioni o crisi della fede? » 166
21. Verso una comunione visibile tra le Chiese » 174

*Epilogo* » 181

Finito di stampare nel mese di agosto 2023
presso Elcograf S.p.A., Cles - Trento
Printed in Italy